サーモンクックブック初心者向け

簡単で美味しいサーモンのレシピ集

ジェイク・タッカー

全著作権所有。

免責事項

この電子ブックに含まれる情報は、この電子ブックの著者が調査した戦略の包括的なコレクションとして機能することを目的としています。要約、戦略、ヒント、秘訣は著者のみが推奨するものであり、この eBook を読んでも、結果が著者の結果を正確に反映しているとは限りません。電子ブックの作成者は、電子ブックの読者に最新かつ正確な情報を提供するためにあらゆる合理的な努力を払っています。著者およびその関係者は、発見される可能性のある意図しないエラーまたは脱落に対して責任を負いません。電子書籍の資料には、第三者からの情報が含まれる場合があります。サードパーティの資料は、その所有者によって表明された意見で構成されています。そのため、eBook の作成者は、第三者の資料や意見に対して責任を負わないものとします。

eBook の著作権は © 2022 にあり、無断複写・転載を禁じます。この電子ブックの全体または一部を再配布、コピー、または派生物を作成することは違法です。このレポートのいかなる部分も、著者から明示および署名された書面による許可なしに、いかなる形式でも複製または再送信することはできません。

目次

目次	3
前書き	7
朝ごはん	8
1. スモークサーモンとクリームチーズのトースト	9
2. スモークサーモンとクリームチーズのトースト	12
3. サーモンのトーストとポーチドエッグ	14
4. サーモンと卵の朝食ラップ	17
前菜	18
5. クリーミー ポテト サーモン バイツ	19
6. スモークサーモンディップ	21
7. スナックスモークサーモンのカナッペ	23
8. 焼き鮭コロッケ	25
9. 焼き鮭パック	28
10. 黒豆とサーモンの前菜	30
11. サーモンロール	33
メインコース	35
12. 魔法の焼き鮭	36
13. サーモンとザクロとキノア	38
14. サーモンの黒豆ソース焼き	43
15. 鮭の照り焼き 野菜添え	47
16. アジアンスタイル サーモンとヌードル	50
17. サーモンのポーチド トマト ガーリック ブイヨン	53
18. ポーチドサーモン	56
19. サーモンのポーチドグリーンハーブサルサ添え	58
20. ポーチド サーモンともち米	61
21. シトラスサーモンフィレ	64
22. サーモンラザニア	67

23. 照り焼きサーモンの切り身 70
24. サクサクサーモンのケッパードレッシング添え 72
25. サーモンフィレのキャビア添え 74
26. 鮭のアンチョビ焼きステーキ 77
27. サーモンのBBQ燻製焼き 80
28. サーモンと黒豆の炭火焼き 82
29. アラスカサーモンの爆竹焼き 85
30. サーモンのフラッシュグリル 88
31. 炙りサーモンとイカスミのパスタ 91
32. サーモンと玉ねぎのグリル 94
33. 杉板サーモン 97
34. スモークガーリックサーモン 99
35. 新鮮な桃とサーモンのグリル 101
36. サーモンの生姜焼きサラダ 104
37. サーモンのグリル フェンネルのサラダ添え 107
38. サーモンのグリル ポテトとクレソン添え 110
39. サーモン ピナ オルキ 113
40. サーモンとポルチーニのケバブ 115
41. 天然キングサーモンのグリル 117
42. メープルシロップサーモンステーキ 119
43. サーモンとコーンチャウダー 121
44. 塩漬けサーモン 124
45. 新鮮なアトランティック サーモンのソテー 127
46. サーモンのグリル パンチェッタ添え 129
47. サーモン入りスパイシーココナッツスープ 132
48. コロンビア川チヌーク 135
49. サーモンと野菜のオーブン焼き 137
50. 醤油とハニーグレーズ サーモン 139
51. スパイシーサーモンとヌードルスープ 141
52. サーモンのポーチドグリーンハーブサルサ添え 143
53. ハニーマスタードグレーズドサーモン 146
54. ホースラディッシュサーモン 148
55. サーモンとポテトの温サラダ 150
56. ワンポットサーモンライスとスナップエンドウ添え 152

57. サーモンのトマトと玉ねぎのガーリック焼き 154
58. サーモンの黒豆ソース焼き 156
59. サーモンフィッシュケーキとベジタブルライス 158
60. しょうがしょうがサーモン 161
61. サーモンのチリココナッツソース添え 163
62. ほうれん草とサーモンのパプリカ焼き 165
63. 鮭の照り焼き 野菜添え 167
64. 新鮮な桃とサーモンのグリル 170
65. クリーミーなペストとサーモン 172
66. サーモンとアボカドのサラダ 174
67. サーモン野菜チャウダー 176
68. スモークサーモンのクリーミーパスタ 178
69. 黒鮭と野菜の炊き込みご飯 180
70. ジンジャー サーモンとハニーデュー メロンのサルサ添え 183
71. アジアンスタイル サーモンとヌードル 185
72. サーモンのフライとレモニー ライス 188

サーモンサラダ 191

73. アラスカサーモンとアボカドのパスタサラダ 192
74. アラスカサーモンサラダサンド 195
75. スモークサーモンとキュウリとパスタのサラダ 197
76. サーモンのカラメル添え 温かいポテトサラダ 200
77. サーモンの凝固サラダ 203
78. クールなサーモン ラバーズ サラダ 205
79. サーモンのディルサラダ 208
80. サクサクのハーブとオリエンタル サラダを添えたサーモン 211
81. 島サーモンのサラダ 213
82. マレーシア ハーブライスとサーモンのサラダ 216
83. ミントサーモンサラダ 219
84. サーモンのフライ ポテトサラダ添え 222
85. パスタとスモークサーモンのサラダ 225
86. サーモンとズッキーニのパスタサラダ 228
87. サーモンの冷製ポーチドサラダ 230

サーモンスープ 233

88. サーモン野菜チャウダー......234
89. サーモンのクリームスープ......236
90. アイルランドのスモークサーモンの夏のスープ......239
91. サーモンのチーズスープ......242
92. サーモン入りポテトチーズスープ......245
93. スモークサーモン風味のポテトスープ......248
94. サーモンポテトスープ......251
95. サーモンの澄まし汁......254

デザート......258

96. ハーブサーモンケーキ......259
97. サーモンローフ......261
98. アラスカシーフードタルト......263

結論......266

前書き

鮭とは？

サーモンは油性の魚で、通常、それが位置する海によって分類されます。太平洋ではオンコリンクス属に属し、大西洋ではサルモ属に属します。大西洋を移動する種は 1 種類しかありませんが、現存するパシフィック サーモンには、チヌーク (キング)、ベニザケ (レッド)、コーホー (シルバー)、ピンク、チャムの 5 種類があります。

鮭の栄養効果

サーモン 100g (養殖、調理済み) には次のものが含まれます。

A. 232kcal / 969kJ

B. タンパク質 25.2g

C. 脂肪 14.6g

D. ビタミン D 7.3mcg

E. セレン 20mcg

朝ごはん

1.　スモークサーモンとクリームチーズのトースト

材料:

- フランスパンまたはライ麦パン 8 枚
- 柔らかくしたクリームチーズ $\frac{1}{2}$ カップ
- 白ねぎ 大さじ 2（薄切り）
- スライスしたスモークサーモン 1 カップ
- 無塩バター $\frac{1}{4}$ カップ
- 小さじ $\frac{1}{2}$ イタリアンシーズニング
- 細かく刻んだディルの葉
- 塩とコショウの味

方向:

a) 小さなフライパンにバターを溶かし、イタリアンシーズニングを少しずつ加えます。混合物をパンのスライスに広げます。

b) パントースターを使って数分間トーストします。

c) トーストした食パンにクリームチーズをぬります。次に、スモーク サーモンと赤玉ねぎの薄切りをトッピングします。トーストしたパンのスライスがすべて使用されるまで、このプロセスを繰り返します。

d) サービングプラッターに移し、細かく刻んだディルの葉を上に飾ります.

2.　スモークサーモンとクリームチーズのトースト

サービング：5 サービング

材料

- フランスパンまたはライ麦パン 8枚
- 柔らかくしたクリームチーズ $\frac{1}{2}$ カップ
- 白ねぎ 大さじ2（薄切り）
- スライスしたスモークサーモン 1 カップ
- 無塩バター $\frac{1}{4}$ カップ
- 小さじ $\frac{1}{2}$ イタリアンシーズニング
- 細かく刻んだディルの葉
- 塩とコショウの味

方向：

a) 小さなフライパンにバターを溶かし、イタリアンシーズニングを少しずつ加えます。混合物をパンのスライスに広げます。

b) パントースターを使って数分間トーストします。

c) トーストした食パンにクリームチーズをぬります。次に、スモーク サーモンと赤玉ねぎの薄切りをトッピングします。トーストしたパンのスライスがすべて使用されるまで、このプロセスを繰り返します。

d) サービングプラッターに移し、細かく刻んだディルの葉を上に飾ります。

3.　サーモンのトーストとポーチドエッグ

材料

- 鮭の切り身 2切れ
- アスパラガス 1束
- 切りたての厚切りトーストしたサワー種のパン 2枚
- 放し飼いの卵 2個

方向：

a) 外袋からフィレを取り出し、（冷凍状態で小袋のまま）フィレを鍋に入れ、冷水で覆います。沸騰させ、**15**分間静かに煮ます。

b) 焼きあがったら鮭の切り身をパウチから取り出し、お皿に盛り付けながらまとめます。

c) サーモンを焼いている間にオランデーズソースを作ります。半分ほど水を入れた鍋に耐熱ガラスのボウルをかぶせ、弱火でじっくり煮詰めます。別の小さな鍋でバターを溶かし、火から下ろします。

d) 分離した卵黄をボウルに入れ、ぬるま湯に入れ、白ワインビネガーを少しずつ加えながら泡立てます。泡だて器で混ぜ続け、溶かしたバターを加えます。混合物が混ざり合って、美味しく滑らかで濃厚なソースが形成されます．ソースが濃すぎる場合は、レモン汁を数回加えます。塩少々と挽きたての黒胡椒で軽く味付けします。

e) 鍋にやかんから沸騰したお湯を入れ、中火で軽く煮て、海塩をひとつまみ加えます。卵を個別にカップに割ってから、卵を1つずつ加える前に、水をかき混ぜて動かします．

f) そのまま調理する – 柔らかい卵の場合は 2 分、固い卵の場合は 4 分。穴あきスプーンで鍋から取り出し、水気を切りま

す。次にアスパラガス 8 本を沸騰した鍋に入れ、柔らかくなるまで 1〜1分半茹でます。その間にトーストを焼いてください。

g) トーストにバターを塗り、アスパラガスの槍、ポーチドエッグ、スプーン 1〜2 杯のオランデーズソース、最後にポーチドサーモンフィレをのせます。

h) 海塩と粗びき黒こしょうで味を調え、すぐに召し上がれ！

4.　サーモンと卵の朝食ラップ

サーブ：1

材料

- ブリティッシュ ライオンの大きな卵 2 個、溶きほぐす
- 新鮮なディルまたはチャイブのみじん切り 大さじ1
- ひとつまみの塩と挽きたての黒胡椒
- オリーブオイルの霧雨
- 無脂肪ギリシャヨーグルト 大さじ2
- すりおろした皮とレモン汁少々
- スモークサーモン 40g 細切りにする
- 一握りのクレソン、ほうれん草、ルッコラのサラダ

方向：

a) 水差しに卵、ハーブ、塩、こしょうを入れて混ぜます。焦げ付き防止のフライパンを熱し、油を加えてから卵を流し入れ、1 分間または上の卵が固まるまで調理します．

b) ひっくり返し、底が黄金色になるまでさらに 1 分間焼きます。まな板に移して冷まします。

c) ヨーグルトにレモンの皮と果汁、たっぷりの黒胡椒を混ぜます。卵のラップの上にスモークサーモンを散らし、その上に葉をのせ、ヨーグルトミックスの上に霧雨を降らせます．

d) 卵のラップを丸めて紙に包んでお召し上がりください．

前菜

5. クリーミー ポテト サーモン バイツ

サービング: 10人前

材料:
- ベビーレッドポテト 20個
- 一口大に切ったスモークサーモン 200g
- サワークリーム 1カップ
- みじん切りにした白タマネギ 1個
- 塩とコショウの味
- 細かく刻んだ新鮮なディルの葉

方向:
a) 鍋にたっぷりの湯を沸かし、塩大さじ2を加える。じゃがいもを鍋に入れ、8～10分、またはじゃがいもに火が通るまで煮ます。
b) じゃがいもを鍋からすぐに取り出し、ボウルに入れます。それらの上に冷水を注ぎ、調理プロセスを停止します。よく水気を切り、置いておきます。
c) 中くらいのボウルで、残りの材料を混ぜ合わせます。冷蔵庫で5～10分冷やす。
d) さつまいもを半分に切り、じゃがいもの中心の一部を削り取ります。すくったジャガイモの肉を冷やしたクリーミーな混合物に投入します。残りの材料とよく混ぜます。
e) 小さじ1杯または絞り袋を使用して、じゃがいもにクリーミーな混合物を飾ります。
f) 提供する前に、細かく刻んだディルの葉を振りかけます。

6.　スモークサーモンディップ

サービング: 4 サービング

材料:
- スモークサーモン 1 カップ、みじん切り
- 室温に戻したクリームチーズ 1 カップ
- サワークリーム 1/2 カップ、低脂肪タイプ
- 絞りたてのレモン汁 大さじ 1
- チャイブまたはディルのみじん切り 大さじ 1
- ホットソース 小さじ ½
- 塩とコショウの味
- サービング用のフランスのバゲットのスライスまたは小麦の薄いクラッカー

方向:
a) フードプロセッサーまたは電動ミキサーに、クリームチーズ、サワークリーム、レモン汁、ホットソースを入れます。混合物を滑らかになるまでブリッツします。
b) 混合物を容器に移します。刻んだスモークサーモンと刻んだチャイブを加えてよく混ぜます。
c) 混合物を冷蔵庫に 1 時間入れてから、刻んだチャイブをさらに飾ります. 冷やしたサーモンをバゲット スライスまたは薄いクラッカーで広げて提供します。

7. スナックスモークサーモンのカナッペ

収量: **1**食分

成分

- 6オンスのクリームチーズ（軟化）
- 25 カナッペ ベース パセリ
- マスタード 小さじ2
- 4オンスのスモークサーモン

方向:

a) クリームチーズとマスタードをブレンド。混合物の一部をカナッペの土台に薄く広げます。

b) 各カナッペにサーモンをのせ、その上に残りの混合物を点在させるか、必要に応じてクリーム チーズ混合物をベースの周りに絞ります。

c) それぞれにパセリの小枝をのせます。

8.　焼き鮭コロッケ

収量: 6人前

成分

- 大さじ2 バター; 柔らかくなった
- 1½ポンドの新鮮なサーモン。調理済み
- 2カップ 焼きたてのパン粉
- ねぎ 大さじ1
- 新鮮なディル 大さじ1; 切り取った
- ½レモン; の皮、すりおろした
- 卵1個
- 生クリーム 1カップ
- 小さじ½塩
- サワークリーム ½カップ
- キャビア
- くさびレモン

方向:

a) ほぐしたサーモンをボウルに入れます。

b) パン粉 3/4 カップ、ねぎ、ディル、レモンの皮、卵、クリームを加える。フォークで軽く混ぜます。塩、こしょう、カイエンペッパーで味を調えます。残りの大さじ 1 杯のバターを点在させます。

c) ローストパンにカップを並べます。ラメキンの側面の半分まで来るのに十分な量の熱湯を注ぎます。かなり固く固まるまで約 30 分焼きます。

d) 5～10 分間冷却します。

e) コロッケは、型から外したり、上向きにしたり、ラメキンで提供したりできます。各コロッケにサワークリームとキャビアをトッピングするか、単にレモンを飾ります。

9.　焼き鮭パック

収量: 4人前

成分

- サーモンフィレ 4枚
- バター 小さじ 4
- 新鮮なタイムの小枝 8本
- 新鮮なパセリの小枝 8本
- にんにく 4片（みじん切り）
- 白ワイン（辛口） 大さじ 4
- 小さじ $\frac{1}{2}$ 塩
- 黒こしょう 小さじ $\frac{1}{2}$

方向:

a) オーブンを400度に予熱します。光沢のある面を下にして、作業面に 4つの大きなホイルを置きます。内側に野菜クッキングスプレーを吹きかけます。ホイルの各部分に魚のフィレを置きます。タイム、パセリ、ニンニク、塩、コショウ、ワインを魚に均等に分けます。

b) 各フィレに小さじ1杯のバターを点在させてから、端をしっかりと折りたたんで密封します。パケットを天板に置き、10〜12分間焼きます。パケットをプレートに置き、慎重に開きます。

10. 黒豆とサーモンの前菜

成分

- コーントルティーヤ8枚。
- 16オンスのコーンブラックビーンズ。
- 7オンスのピンクサーモン
- サフラワー油 大さじ2
- $\frac{1}{4}$ カップ フレッシュライムジュース
- $\frac{1}{4}$ カップの新鮮なパセリ; みじん切り
- オニオンパウダー 小さじ $\frac{1}{2}$
- セロリソルト 小さじ $\frac{1}{2}$
- $\frac{3}{4}$ 小さじクミン
- $\frac{3}{4}$ 小さじにんにく; みじん切り
- 小さじ $\frac{1}{2}$ ライムの皮; すりおろし
- 赤唐辛子フレーク 小さじ $\frac{1}{4}$ 乾燥した
- $\frac{1}{4}$ 小さじ唐辛子;

方向:

a) オーブンを350度に予熱します。トルティーヤを三角形に切り、カリカリになるまでオーブンで約5分焼きます。

b) 豆とサーモンを混ぜ合わせ、サーモンをフォークでほぐします。

c) 残りの材料を混ぜます。冷やして味をブレンドします。トルティーヤチップスを添えて

11. サーモンロール

収量: 6人前

成分

- 6 スモークサーモン; 薄切り
- 1 用意したパン生地
- 卵1個; 殴られた
- 緑ネギ; みじん切り
- 挽きたてのコショウ

方向:

a) 解凍後、準備した生地を9インチの円に伸ばします．

b) 鮭の切り身で上を覆い、調味料を加えます。

c) 円をくさび形に切り、それぞれを外側の端からしっかりと転がします。ロールに溶き卵を塗り、425度のオーブンで約15分焼きます。

d) アペタイザーとして、またはランチで熱々をお召し上がりください。

メインコース

12. 魔法の焼き鮭

1食分

材料

- 鮭の切り身1枚
- サーモンマジック 小さじ2
- 無塩バター、溶かし

方向

a) オーブンを華氏450度に加熱します。
b) サーモンの切り身の上面と側面に溶かしバターを軽く塗ります。小さな天板に溶かしバターを軽く塗ります。
c) サーモン マジックでサーモン フィレの上面と側面を下味付けします。フィレが厚い場合は、もう少しサーモン マジックを使用してください。調味料を軽く押し込みます。
d) 天板にフィレを置き、表面がきつね色になるまで焼き、フィレに火が通ります。しっとりとしたピンク色のサーモンを作るには、加熱しすぎないでください。すぐにサーブします。
e) 調理時間: 4～6分。

13.　サーモンとザクロとキノア

サービング：4 サービング

材料

- サーモンの切り身 4 枚（皮なし）
- 3/4 カップのザクロジュース、無糖（または低糖のもの）
- 砂糖不使用のオレンジジュース $\frac{1}{4}$ カップ
- オレンジマーマレード/ジャム 大さじ 2
- みじん切りにしたにんにく 大さじ 2
- 塩とコショウの味
- パッケージに従って調理されたキヌア 1 カップ
- コリアンダーの小枝数本

方向：

a) 中くらいのボウルに、ザクロジュース、オレンジジュース、オレンジマーマレード、にんにくを混ぜ合わせる。塩、こしょうで味をととのえ、お好みで味を調整してください。

b) オーブンを華氏 400 度に予熱します。ベーキングディッシュに柔らかくしたバターを塗ります。フィレの間に 1 インチのスペースを残して、ベーキングパンにサーモンを置きます。

c) サーモンを 8〜10 分間調理します。次に、オーブンから鍋を慎重に取り出し、ザクロの混合物を注ぎます。サーモンの上部が混合物で均一にコーティングされていることを確認してください。サーモンをオーブンに戻し、さらに 5 分間、または完全に調理されてザクロの混合物が黄金色になるまで調理します。

d) サーモンを調理している間に、キヌアを準備します。中火で 2 カップの水を沸騰させ、キヌアを加えます。5〜8 分間、または水分が吸収されるまで調理します。火を止めてキヌアをフォークでほぐし、ふたを戻す。余熱でキヌアをさらに 5 分間調理します。

e) ザクロをまぶしたサーモンをサービングディッシュに移し、刻んだコリアンダーをふりかけます。鮭にキヌアを添えます。

焼き鮭とさつまいも

サービング：4 サービング

材料

- サーモンの切り身 4 切れ（皮をむく）
- 中サイズのサツマイモ 4 個、皮をむいて 1 インチの厚さに切る
- ブロッコリーの小花 1 カップ
- 純粋はちみつ（またはメープルシロップ）大さじ 4
- オレンジマーマレード/ジャム 大さじ 2
- すりおろした新鮮なショウガ 1 インチ
- ディジョンマスタード 小さじ 1
- 炒りごま 大さじ 1
- 溶かした無塩バター 大さじ 2
- ごま油 小さじ 2
- 塩とコショウの味
- ネギ/ネギ、みじん切り

方向：

a) オーブンを 400F に予熱します。ベーキングパンに溶かした無塩バターを塗ります。
b) スライスしたサツマイモとブロッコリーの小花を鍋に入れます。塩、こしょう、ごま油小さじ 1 で軽く味付けする。野菜にゴマ油を薄くまぶす。
c) じゃがいもとブロッコリーを 10〜12 分焼きます。
d) 野菜がまだオーブンに入っている間に、甘い釉薬を準備します。ボウルに蜂蜜（またはメープルシロップ）、オレンジジャム、すりおろした生姜、ごま油、マスタードを入れて混ぜます。
e) ベーキングパンをオーブンから慎重に取り出し、野菜を横に広げて魚のためのスペースを作ります。

f) サーモンに塩、こしょうで軽く下味をつける。
g) サーモンの切り身を天板の真ん中に置き、サーモンと野菜の上に甘い釉薬を注ぎます。
h) 鍋をオーブンに戻し、さらに 8 〜 10 分、またはサーモンが柔らかくなるまで調理します。
i) サーモン、サツマイモ、ブロッコリーを素敵な大皿に移します。ごまとねぎを飾ります。

14. サーモンの黒豆ソース焼き

サービング：4 サービング

材料

- サーモンの切り身 4 枚、皮と小骨を取り除く
- 黒豆ソースまたは黒豆ガーリックソース 大さじ 3
- $\frac{1}{2}$ カップのチキンストック（またはより健康的な代替品としての野菜ストック）
- みじん切りにしたにんにく 大さじ 3
- すりおろした新鮮なショウガ 1 インチ
- シェリー酒または酒（または料理用ワイン） 大さじ 2
- 絞りたてのレモン汁 大さじ 1
- 魚醤 大さじ 1
- ブラウンシュガー 大さじ 2
- 赤唐辛子フレーク 小さじ $\frac{1}{2}$
- 新鮮なコリアンダーの葉、細かく刻んだ
- ネギを飾りに

方向：

a) 大きなベーキングパンにグリースを塗るか、羊皮紙で同じように並べます．オーブンを華氏 350 度に予熱します。

b) 中くらいのボウルにチキンストックと黒豆ソースを混ぜます。みじん切りにしたにんにく、すりおろした生姜、シェリー酒、レモン汁、魚醤、ブラウン シュガー、チリフレークを加えます。ブラウンシュガーが完全に溶けるまでよく混ぜます。

c) サーモンの切り身に黒豆ソースを注ぎ、少なくとも 15 分間、サーモンが黒豆の混合物を完全に吸収するようにします。

d) サーモンをベーキングディッシュに移します。15～20 分間調理します。サーモンがオーブンで乾燥しすぎないようにしてください。

e) 刻んだコリアンダーとネギを添えて。

ほうれん草とサーモンのパプリカ焼き

サービング：6 サービング

材料

- ピンクサーモンの切り身 6 枚、厚さ 1 インチ
- 絞りたてのオレンジジュース $\frac{1}{4}$ カップ
- 乾燥タイム 小さじ 3
- エキストラバージンオリーブオイル 大さじ 3
- スイートパプリカパウダー 小さじ 3
- シナモンパウダー 小さじ 1
- ブラウンシュガー 大さじ 1
- ほうれん草の葉 3 カップ
- 塩とコショウの味

方向：

a) サーモンの切り身の両側にオリーブを軽く刷毛で塗り、パプリカ パウダー、塩、コショウで味付けします。室温で 30 分間放置します。サーモンにパプリカのすり身を吸収させます。
b) 小さなボウルに、オレンジ ジュース、乾燥タイム、シナモン パウダー、ブラウン シュガーを入れて混ぜます。
c) オーブンを 400F に予熱します。サーモンをホイルで裏打ちされたベーキングパンに移します。マリネをサーモンに注ぎます。サーモンを 15〜20 分間調理します。
d) 大きなフライパンに、エキストラバージン オリーブ オイル小さじ 1 杯を加え、ほうれん草を数分間、またはしんなりするまで調理します。
e) ほうれん草を添えて焼きサーモンを添えます。

15. 鮭の照り焼き 野菜添え

サービング：4 サービング

材料

- サーモンの切り身 4 枚、皮と小骨を取り除く
- 一口大に切った大きなさつまいも（または単にじゃがいも）1 個
- 一口大に切った大きなにんじん 1 本
- くし形に切った大きな白玉ねぎ 1 個
- 3 つの大きなピーマン (緑、赤、黄色)、みじん切り
- ブロッコリーの小房 2 カップ（アスパラガスで代用可）
- エキストラバージンオリーブオイル 大さじ 2
- 塩とコショウの味
- ねぎ、みじん切り
- テリヤキソース
- 1 カップの水
- しょうゆ 大さじ 3
- みじん切りにしたにんにく 大さじ 1
- ブラウンシュガー 大さじ 3
- 純粋な蜂蜜 大さじ 2
- コーンスターチ 大さじ 2（水大さじ 3 で溶かす）
- 炒りごま 大さじ $\frac{1}{2}$

方向：

a) 小さめのフライパンにしょうゆ、しょうが、にんにく、砂糖、はちみつ、水を弱火にかけます。混合物がゆっくりと沸騰するまで、絶えずかき混ぜます。コーンスターチの水を入れて混ぜ、とろみがつくまで待ちます。ゴマを入れて置いておきます。

b) 大きなグラタン皿に無塩バターまたはクッキングスプレーを塗ります。オーブンを 400F に予熱します。

c) 大きめのボウルに野菜を全て入れ、オリーブオイルを回しかけます。野菜が油でよくコーティングされるまでよく混ぜます。

挽きたてのコショウと塩少々で味付けします。野菜をベーキングディッシュに移します。野菜を横に散らし、ベーキングディッシュの中央にスペースを空けます。

d) 焼き皿の中央にサーモンを置きます。照り焼きソースの **2/3** を野菜とサーモンにかけます。

e) 鮭を **15〜20** 分焼きます。

f) 焼き鮭と野菜のローストを素敵なサービングプラッターに移します．残りのテリヤキソースを注ぎ、ネギのみじん切りを飾る。

16.　アジアンスタイル サーモンとヌードル

サービング：4 サービング

材料

鮭

- サーモンの切り身 4 切れ（皮をむく）
- 炒りごま油 大さじ 2
- 純粋な蜂蜜 大さじ 2
- 薄口しょうゆ 大さじ 3
- ホワイトビネガー 大さじ 2
- みじん切りにしたにんにく 大さじ 2
- すりおろした生姜 大さじ 2
- 炒りごま 小さじ 1
- 飾り用長ねぎのみじん切り

ライスヌードル

- アジアンビーフン 1 パック

ソース

- 魚醤 大さじ 2
- 絞りたてのライムジュース 大さじ 3
- チリフレーク

方向：

a) 鮭のマリネは、ごま油、醤油、酢、はちみつ、にんにくのみじん切り、ごまを混ぜます。サーモンに注ぎ、魚を 10〜15 分間マリネします。

b) オリーブオイルを軽く塗った耐熱皿にサーモンを入れます。420F で 10〜15 分間調理します。

c) サーモンをオーブンに入れている間に、ビーフンをパッケージの指示に従って調理します。よく水気を切り、個々のボウルに移します。
d) 魚醤、ライムジュース、チリフレークを混ぜ合わせ、ビーフンに注ぎます。
e) 焼きたてのサーモンフィレを各ヌードルボウルにのせます。ネギとゴマを飾ります。

17. サーモンのポーチド トマト ガーリック ブイヨン

4人前

材料

- にんにく 8片
- エシャロット
- 小さじ 1杯のエキストラバージン オリーブ オイル
- 完熟トマト 5個
- 辛口白ワイン 1 1/2 カップ
- 1カップの水
- タイム 8枝海塩 小さじ 1/4
- 小さじ 1/4 の新鮮な黒胡椒
- コッパーリバー 紅鮭の切り身 4枚 白トリュフ オイル（お好みで）

方向

a) にんにくとエシャロットは皮をむき、粗みじん切りにする。蓋付きの大きな蒸し器またはソテーパンに、オリーブオイル、にんにく、エシャロットを入れます。柔らかくなるまで中火から弱火で約3分間汗をかきます。

b) トマト、ワイン、水、タイム、塩、こしょうを鍋に入れ、沸騰させます。沸騰したら弱火にして蓋をします。

c) トマトが破裂してジュースが出るまで25分間煮込みます。木のスプーンまたはスパチュラで、トマトを果肉につぶします。ふたをせずにさらに5分煮汁が少し少なくなるまで煮る。

d) 煮汁が沸騰している間に鮭を入れます。ふたをして、魚が簡単にほぐれるまで5〜6分間だけポーチします。魚を皿に置き、取っておきます。大きなボウルにこし器を置き、残りのスープをこし器に注ぎます。ブロスをこして、残っている固形物を捨てます。スープを味わい、必要に応じて塩こしょうを加えます。

e) シンプルなバター マッシュ ポテトやロースト ポテトもこの食事によく合います。次に、ソテーしたアスパラガスとポーチドサーモンをトッピングします。
f) 濾したスープをサーモンの周りに注ぎます。お好みで白トリュフオイルを垂らす。仕える。

18. ポーチドサーモン

材料

- 小さなサーモンの切り身、約 6 オンス

方向

a) 5〜6インチの小さなフライパンに約0.5インチの水を入れ、蓋をして水を加熱し、蓋をしたフィレを4分間入れます。
b) お好みの調味料をサーモンや水に加えてください。
c) 4分間で中心部は調理されず、非常にジューシーになります。
d) フィレを少し冷ましてから、幅 1.5 インチに切ります。
e) レタス（どんな種類でもよい）のおいしいトマト、よく熟れたアボカド、赤玉ねぎ、クルトン、おいしいドレッシングなどをサラダに加えます。

19. サーモンのポーチドグリーンハーブサルサ添え

サービング：4 サービング

材料

- 水 3 カップ
- 緑茶ティーバッグ 4袋
- サーモンのフィレ大 2枚（1枚あたり約 350 グラム）
- エキストラバージンオリーブオイル 大さじ4
- 絞りたてのレモン汁 大さじ3
- みじん切りにしたパセリ 大さじ2
- みじん切りにしたバジル 大さじ2
- 刻んだばかりのオレガノ 大さじ2
- みじん切りにしたチャイブ 大さじ2
- タイムの葉 小さじ2
- にんにく 小さじ2

方向：

a) 大きな鍋に水を沸騰させます。緑茶ティーバッグを入れて火から下ろします。
b) ティーバッグを3分間浸します。ポットからティーバッグを取り出し、お茶を入れた水を沸騰させます。サーモンを加えて火を弱めます。
c) 真ん中の部分が不透明になるまでサーモンのフィレを茹でます。サーモンを5〜8分間、または完全に火が通るまで調理します。
d) サーモンを鍋から取り出し、脇に置きます。
e) ブレンダーまたはフードプロセッサーに、みじん切りにしたばかりのハーブ、オリーブオイル、レモン汁をすべて入れます。混合物が滑らかなペーストになるまでよく混ぜます。ペースト

を塩こしょうで味付けします。調味料は必要に応じて調整してください。
f) 大皿にポーチド サーモンを盛り付け、その上に新鮮なハーブペーストをのせます。

20. ポーチド サーモンともち米

収量: 1人前

材料

- オリーブオイル 5カップ
- ショウガ 2頭; 壊した
- 1頭のニンニク; 壊した
- ネギ1束; ずらした
- サーモン 4切れ; (6オンス)
- 2カップの日本米; 蒸した
- みりん ¾ カップ
- ねぎ2本; ずらした
- ドライチェリー 1/2 カップ
- ½ カップ ドライブルーベリー
- 海苔1枚; 崩れた
- レモン汁 1/2 カップ
- フィッシュストック 1/2 カップ
- ¼ カップ アイスワイン
- ¾ カップ グレープシードオイル
- 空気乾燥コーン ½ カップ

方向

a) 鍋にオリーブオイルを入れて160度まで温める。つぶしたしょうが、にんにく、ねぎを加える。混合物を火から下ろし、2時間注入します。歪み。

b) ご飯を炊き、みりんで味を調えます。冷めたら千切りにしたねぎを混ぜ合わせる。オリーブオイルを160度まで上げます。つぶしたしょうが、にんにく、ねぎを加える。ベリーと海藻を取ります。

c) ソースを作るには、レモン汁、フィッシュストック、アイスワインを沸騰させます。火からおろし、グレープシードオイルを混ぜます。塩こしょうで味を調えます。

d) 魚を密猟するには、深鍋に密猟用油を約160度まで入れます。サーモンに塩、こしょうで下味をつけ、全体をそっと油に浸します。約5分間、またはレアからミディアムになるまでゆっくりとポーチします。

e) 魚を調理している間に、ライスサラダをお皿に盛り、レモンソースをかけます。茹で上がった魚をライスサラダにのせます。

21. シトラスサーモンフィレ

4人前

材料

- ¾ kg 新鮮なサーモンの切り身
- マヌカ風味またはプレーンハニー 大さじ2
- 絞りたてのライムジュース 大さじ1
- 絞りたてのオレンジジュース 大さじ1
- ライムゼスト 大さじ½
- オレンジの皮 大さじ½
- ½ ピンチの塩とコショウ
- ½ ライムスライス
- ½ オレンジスライス
- フレッシュタイムとマイクロハーブ ½握り

方向

a) 約1.5kg + 新鮮なリーガルサーモンの切り身、皮付き、骨付きを使用。
b) オレンジ、ライム、ハチミツ、塩、こしょう、皮を加えてよく混ぜる
c) 調理する30分前に、フィレをペストリーブラシと液体柑橘類で艶出しします。
d) オレンジとライムの薄切り

e) 190度で30分間焼き、確認します。サーモンの好みによっては、さらに5分かかる場合があります。
f) オーブンから取り出し、フレッシュタイムとマイクロハーブをふりかける

22. サーモンラザニア

4人前

材料

- 密猟用牛乳 2/3 部
- 2/3 グラム 調理済みラザニアシート
- フレッシュディル 2/3 カップ
- エンドウ豆 2/3 カップ
- パルメザンチーズ 2/3 カップ
- 2/3 モッツァレラチーズボール
- 2/3 ソース
- ベビーほうれん草 2/3 袋
- 2/3 カップ クリーム
- ナツメグ 小さじ 2/3

方向

a) まず、ベシャメルとほうれん草のソースを作り、サーモンを茹でます。ベシャメルソースは小鍋にバターを溶かす。小麦粉をかき混ぜ、絶えずかき混ぜながら、泡立つまで数分間調理します。

b) ソースが滑らかになるまで、常に泡だて器で温めた牛乳を徐々に加えます。ソースがとろみがつくまで絶えずかき混ぜながら、穏やかに沸騰させます。塩こしょうで味を調えます。

c) ほうれん草ソースを作るには、ほうれん草を切り落として洗います。葉に水分が残っている状態で、ほうれん草を大きめの鍋に入れ、蓋をして葉がしんなりするまで弱火で煮る。

d) 余分な水分を切って絞ってください。ほうれん草をブレンダーまたはフードプロセッサーに移し、クリームとナツメグを加えます。パルスして混ぜ合わせ、塩とコショウで味を調えます。

e) オーブンを180℃に予熱する。大きなグラタン皿にグリースを塗ります。サーモンを牛乳でゆっくりと茹でてから、適度な大きさの塊に砕きます。牛乳を捨てる。

f) ベーキングディッシュの底をベシャメルソース1カップで薄く覆う.

g) ソースの上にラザニアシートを重ね、ほうれん草ソースの上に広げ、その上にサーモンの半分を均等にのせます。刻んだディルをふりかけます。さらにラザニアを重ね、さらにベシャメルソースを重ね、えんどう豆を散らしてざっくりと仕上げます。

h) ラザニア、ほうれん草、サーモン、ディル、ラザニア、ベシャメルソース、エンドウ豆の順に重ねます。仕上げにラザニアをのせ、ベシャメルソースを薄くのせます。すりおろしたパルメザンチーズと新鮮なモッツァレラチーズをのせます。

i) ラザニアを30分間、または熱くなるまで焼きます。

23. 照り焼きサーモンの切り身

4人前

材料

- 140 グラム 2 x ツイン リーガル 140g 新鮮なサーモンのポーション
- グラニュー糖 1 カップ
- しょうゆ 60ml
- みりん調味料 60ml
- みりん調味料 60ml
- 有機うどん 1 パック

方向

a) 新鮮なリーガルサーモン 140g 4 枚を上白糖、醤油、みりんでマリネし、よく混ぜてサーモンの上に 30 分間置きます。

b) お湯を沸かし、有機うどんを入れて 10 分ほど手早く茹でます。

c) エシャロットを薄くスライスし、脇に置きます。

d) サーモンの切り身をフライパンで中火から強火で 5 分焼き、左右にひっくり返して余分なタレをかける。

e) 麺ができたらお皿に盛り、サーモンをのせる

24. サクサクサーモンのケッパードレッシング添え

4人前

材料

- 新鮮なNZサーモンフィレ 140g 4枚
- プレミアムオリーブオイル 200ml
- ホワイトバルサミコ酢 160ml
- 2つぶしたにんにく
- ケッパーのみじん切り 大さじ4
- パセリのみじん切り 大さじ4
- みじん切りディル 大さじ2

方向

a) サーモンの切り身にオリーブオイル20mlをまぶし、塩こしょうで味をととのえる。

b) 焦げ付き防止のフライパンを使用して、強火で5分間、上下左右にひっくり返しながら調理します。

c) 残りの材料をボウルに入れ、泡だて器で混ぜます。これがドレッシングです。サーモンが調理されたら、ドレッシングをフィレの上にスプーンで皮を上にしてかけます。

d) 梨、クルミ、ハルーミ、ルッコラのサラダを添えて

25. サーモンフィレのキャビア添え

4人前

材料

- 塩 小さじ1
- ライムウェッジ 1個
- エシャロット（玉ねぎ） 10個（皮をむく）
- 大豆油 大さじ2（ブラッシング用）
- 250グラム チェリー トマト半分
- 1 小さな青唐辛子の薄切り
- ライムジュース 大さじ4
- 魚醤 大さじ3
- 砂糖 大さじ1
- コリアンダーの小枝 1握り
- 新鮮なサーモンの切り身 1 1/2kg
- イクラ 1瓶（キャビア）
- 3/4 キュウリ 皮をむき、縦半分に切り、種を取り、薄切りにする

方向

a) オーブンを 200°C に予熱しますが、スライスしたキュウリをセラミックボウルに入れ、塩と一緒に 30 分間置いてピクルスにします.

b) エシャロットを小さなローストディッシュに入れ、大豆油を加えてよく混ぜ、オーブンで 30 分ほど、柔らかく焼き色がつくまで焼きます。

c) オーブンから取り出して冷まし、その間に塩漬けしたキュウリを冷たい流水でよく洗い、一握りで水気を絞ってボウルに入れます。

d) オーブングリルを非常に熱く予熱し、エシャロットを半分にしてきゅうりに加えます。

e) トマト、チリ、ライムジュース、魚醤、砂糖、コリアンダーの小枝、ごま油を加えてよく混ぜます。

f) 味 – 必要に応じて、砂糖とライム ジュースで甘さを調整します – 取っておきます。

g) サーモンを油を塗ったベーキングペーパーの上に置き、サーモンの上に大豆油を刷毛で塗り、塩とコショウで味付けし、グリルの下に 10 分間、またはちょうど調理されて軽く焦げ目がつくまで置きます.

h) オーブンから取り出し、皿に盛り付け、トマトとキュウリの混合物を散らし、スプーン一杯のイクラを添えます。

i) ライムウェッジとライスを添えて

26. 鮭のアンチョビ焼きステーキ

収量: 4人前

成分

- 4 サーモンステーキ
- パセリの小枝
- くし切りレモン --- アンチョビバター ---
- アンチョビフィレ 6枚
- 牛乳 大さじ 2
- バター 大さじ 6
- タバスコソース 1滴
- コショウ

方向

a) グリルを強火で予熱します。グリルラックに油をさし、均等に火が通るように各ステーキを並べます。各ステーキにアンチョビバターの小さなノブ (混合物の 4分の 1を 4に分けます) を置きます。4分間グリルします。

b) 魚のスライスでステーキをひっくり返し、ステーキの間にバターの別の 4分の 1を置きます。裏面も 4分焼きます。火を弱め、ステーキが薄い場合はさらに 3分間加熱します。

c) 各ステーキの上にきれいに並べられたアンチョビバターのパットを添えてください。

d) パセリの小枝とレモンのくさびを飾ります。

e) アンチョビバター：すべてのアンチョビフィレを牛乳に浸します。クリーム状になるまで木のスプーンでボウルに入れます。すべての材料をクリーム状にして冷やします。

f) 4人前。

27. サーモンのBBQ燻製焼き

収量: 4人前

成分

- すりおろしたライムの皮 小さじ1
- $\frac{1}{4}$ カップ ライムジュース
- 植物油 大さじ1
- ディジョンマスタード 小さじ1
- こしょう ひとつまみ
- サーモンステーキ 4枚、厚さ 1インチ [1-1/2 ポンド]
- いりごま 1/3 カップ

方向

a) 浅い皿に、ライムの皮とジュース、オイル、マスタード、コショウを混ぜます。魚を加え、コートに回します。ふたをして、ときどき返しながら室温で30分マリネする。

b) マリネを予約し、魚を取り除きます。ごまをふりかけます。中火で油を塗ったグリルに直接置きます。浸した木材チップを追加します。

c) ふたをして調理し、途中でマリネをひっくり返し、16〜20分間、またはフォークでテストしたときに魚が簡単にフレーク状になるまで焼きます。

28. サーモンと黒豆の炭火焼き

収量: 4人前

成分

- ½ ポンドの黒豆; ずぶ濡れ
- 1つの小さなタマネギ; みじん切り
- にんじん（小）1個
- ½ セロリリブ
- 2 オンスのハム; みじん切り
- 2 ハラペーニョペッパー; 茎と角切り
- にんにく1かけ
- 1ベイリーフ; 一緒に結ばれた
- 3 小枝タイム
- 水 5 カップ
- にんにく2かけ; みじん切り
- ホットペッパーフレーク 小さじ ½
- ½ レモン; 搾り取った
- 1 レモン; 搾り取った
- ⅓ カップのオリーブオイル
- フレッシュバジル大さじ 2; みじん切り
- 24 オンスのサーモンステーキ

方向

a) 大きな鍋に豆、タマネギ、ニンジン、セロリ、ハム、ハラペーニョ、クローブにんにく全体、ベイリーフとタイム、水を入れて混ぜ合わせます。豆が柔らかくなるまで約 2 時間煮込み、必要に応じて水を加えて豆が覆われるようにします。

b) にんじん、セロリ、ハーブ、にんにくを取り除き、残った調理液を捨てます。みじん切りにしたにんにく、唐辛子フレーク、レモン 1/2 個分の汁を豆にまぶします。脇に置きます。

c) 豆を調理している間に、レモンの果汁、オリーブ オイル、バジルの葉を混ぜ合わせます。サーモン ステーキの上に注ぎ、1 時間冷蔵します。サーモンを適度な強火で片面 4〜5 分間グリルし、1 分ごとにマリネを塗ります。各ステーキに豆の一部を添えます。

29. アラスカサーモンの爆竹焼き

収量: 4人前

成分

- 46オンス。サーモンステーキ
- ピーナッツオイル $\frac{1}{4}$ カップ
- しょうゆ 大さじ2
- バルサミコ酢 大さじ2
- ネギのみじん切り 大さじ2
- ブラウンシュガー 小さじ $1\frac{1}{2}$
- にんにく1片（みじん切り）
- $\frac{3}{4}$ 小さじ すりおろした新鮮なショウガの根
- 赤チリフレーク 小さじ $\frac{1}{2}$、またはそれ以上
- 味
- ごま油 小さじ $\frac{1}{2}$
- 小さじ 1/8 の塩

方向

a) ガラス皿にサーモン ステーキを置きます。残りの材料を混ぜ合わせ、サーモンの上にかける。

b) ラップで包み、冷蔵庫で4〜6時間漬け込みます。グリルを加熱します。サーモンをマリネから取り出し、グリルに油を塗り、サーモンをグリルの上に置きます。

c) 中火で、厚さ 1 インチあたり 10 分間 (最も厚い部分で測定)、調理の途中でひっくり返して、またはフォークでテストして魚がフレーク状になるまでグリルします。

30. サーモンのフラッシュグリル

収量: 1人前

成分

- 3オンスのサーモン
- オリーブオイル 大さじ1
- ½ レモン；のジュース
- チャイブ 小さじ1
- パセリ小さじ1
- 小さじ1杯の挽きたてのコショウ
- しょうゆ 大さじ1
- メープルシロップ 大さじ1
- 卵黄 4個
- フィッシュストック 1/4 パイント
- 白ワイン ¼ パイント
- ダブルクリーム 125ml
- チャイブ
- パセリ

方向

a) サーモンを薄くスライスし、オリーブ オイル、メープル シロップ、醤油、コショウ、レモン汁の入った容器に 10 〜 20 分間入れます。

b) サバヨン：卵を湯せんで泡立てます。鍋に白ワインと魚のストックを減らします。混合物を卵白に加えて泡立てます。泡だて器で生クリームを加える。

c) サーモンの薄切りをサービングプレートに置き、サバヨンを少しかけます．グリルの下に**2〜3**分間だけ置きます。

d) 取り出してすぐに、チャイブとパセリを散らしてお召し上がりください。

e)

31. 炙りサーモンとイカスミのパスタ

収量: 1人前

成分

- 4 200g; (7-8 オンス) サーモンの切り身
- 塩とコショウ
- 20 ミリリットルの植物油; (3/4 オンス)
- 揚げ物用オリーブオイル
- 3 にんにくのみじん切り
- 3 トマトの粗みじん切り
- 1 長ねぎのみじん切り
- 調味料
- 1 ブロッコリー

方向

a) パスタ: 良い魚屋でイカ墨の小袋を買うか、お気に入りのパスタを使ってください。

b) オーブンを 240°C/475°F/ガスマーク 9 に予熱します。

c) サーモンの切り身に塩こしょうで下味をつける。焦げ付き防止のフライパンを熱し、油を入れます。サーモンをフライパンに入れ、片面 30 秒ずつ焼きます。

d) 魚をベーキングトレイに移し、魚がフレークになるまで 6〜8 分間ローストしますが、中心部はまだ少しピンク色です. 2 分間休ませます。

e) 魚を温かい皿に移し、スプーンでソースをかけます。

f) ブロッコリーをパスタと一緒に約5分間調理します。

g) フライパンに油をひき、にんにく、トマト、ねぎを入れる。弱火で5分ほど炒め、最後にブロッコリーを加える。

32. サーモンと玉ねぎのグリル

8〜10人分

材料

- 水に浸した広葉樹チップ 2 カップ
- 養殖ノルウェー産サーモン 1 尾 (約 3 ポンド)、小骨を取り除く
- ウォッカで作ったスモークブライン 3 カップ
- 3/4 カップのスモーキング・ラブ
- 乾燥ディルウィード 大さじ 1
- オニオンパウダー 小さじ 1
- 2 インチの厚さの輪切りに切った大きな赤玉ねぎ 2 個
- 3/4 カップのエキストラバージン オリーブ オイル新鮮なディル 1 束
- 細かくすりおろしたレモンの皮 1 個分 にんにく 1 かけ（みじん切り）
- 粗塩と粗びき黒こしょう

方向

a) サーモンをジャンボ (2 ガロン) のジッパー付きバッグに入れます。1 ガロンの袋しかない場合は、魚を半分に切って 2 つの袋を使用します。塩水を袋に入れ、空気を押し出して密封します。3〜4時間冷蔵します。

b) 大さじ 1 杯を除くすべてのこすりを、乾燥ディルとオニオンパウダーと混ぜて、取っておきます。玉ねぎのスライスを氷水に浸します。グリルを約 225°F の間接弱火で煙で加熱します。ウッドチップの水気を切り、グリルに加えます。

c) サーモンを塩水から取り出し、ペーパー タオルで軽くたたいて乾かします。ブラインを捨てます。魚に大さじ 1 杯の油をまぶし、肉の面に乾燥ディルを入れたこすりをふりかけます。

d) 玉ねぎを氷水から上げ、軽くたたいて乾かします。大さじ1杯の油でコーティングし、残りの大さじ1杯のこすりを振りかけます．魚と玉ねぎを15分間休ませます。
e) 焼き網にブラシをかけ、油でよくこすります。サーモンを身の面を下にして直火にかけ、表面がきつね色になるまで5分焼きます。大きな魚用スパチュラまたは通常のスパチュラ2つを使用して、魚の皮を下にして、火から離れたグリル格子に置きます。タマネギのスライスを火の上に直接置きます。
f) グリルを閉じて、サーモンの外側が固く、乾燥せず、中央が弾力があるまで、約25分間調理します。魚を軽く押すと、表面から水分が玉のように出てきます。圧力がかかっても完全にはがれてはいけません。
g) 途中で玉ねぎを一度裏返します。
h)

33. 杉板サーモン

サーブ: 6

材料

- 1 未処理の杉板 (約 14" x 17" x 1/2")
- イタリアンドレッシング 1/2 カップ
- 刻んだドライトマト 1/4 カップ
- 刻んだフレッシュバジル 1/4 カップ
- 1 (2 ポンド) サーモンの切り身 (厚さ 1 インチ)、皮を取り除く

方向

a) 杉の板を水に完全に浸し、重りを上に置いて完全に覆うようにします。少なくとも 1 時間浸します。
b) グリルを中火から強火に予熱します。
c) 小さなボウルに、ドレッシング、天日干しトマト、バジルを混ぜ合わせます。脇に置きます。
d) 水から板を取り除きます。サーモンを板の上に置きます。グリルの上に置き、ふたを閉めます。10 分間グリルしてから、サーモンにドレッシングの混合物を塗ります。ふたを閉めて、さらに 10 分、またはサーモンがフォークで簡単にフレーク状になるまでグリルします。

34. スモークガーリックサーモン

4人前

材料

- 1 1/2 ポンド。鮭の切り身
- にんにく 3片 みじん切り
- 新鮮なディル 1小枝、みじん切りレモン 5スライス
- 新鮮なディルウィード 5小枝
- ネギ 2本、みじん切り

方向

a) 喫煙者を華氏 250 度に準備します。
b) 2枚の大きなアルミホイルにクッキングスプレーをスプレーします。
c) 一枚のホイルの上にサーモンの切り身を置きます。サーモンに塩、コショウ、にんにく、刻んだディルをふりかけます。切り身の上にレモンのスライスを並べ、各レモンのスライスの上にディルの小枝を置きます。フィレにねぎをふりかけます。
d) 約 45 分間喫煙します。

35. 新鮮な桃とサーモンのグリル

サービング：6 サービング

材料

- サーモンの切り身 6 枚、厚さ 1 インチ
- スライスした桃の大きな缶 1 個、軽いシロップの種類
- 白砂糖 大さじ 2
- 薄口しょうゆ 大さじ 2
- ディジョンマスタード 大さじ 2
- 無塩バター 大さじ 2
- すりおろした新鮮なショウガ 1 インチ
- エクストラバージン種のオリーブオイル 大さじ 1
- 塩とコショウの味
- 刻んだコリアンダー

方向：

a) スライスした桃の水気を切り、大さじ 2 程度の軽いシロップを取っておきます。桃は一口大に切る。

b) 大きなグラタン皿にサーモンの切り身を入れます。

c) 中くらいの鍋に、取っておいたピーチシロップ、白砂糖、醤油、ディジョンマスタード、バター、オリーブオイル、しょうがを入れます。混合物が少しとろみがつくまで、弱火でかき混ぜ続けます。味に応じて塩、こしょうを加える。

d) 火を止め、しつけブラシを使って混合物の一部をサーモンの切り身にたっぷりと広げます。

e) 切った桃を鍋に入れ、釉薬をまんべんなくかける。グレーズした桃をサーモンの上に注ぎ、均等に広げます。

f) サーモンを 420F で約 10 〜 15 分間焼きます。鮭が焦げないように目を離さないように注意してください。

g) サーブする前に、みじん切りにしたばかりのコリアンダーをふりかけます。

36. サーモンの生姜焼きサラダ

収量: 4人前

材料

- 無脂肪プレーンヨーグルト 1/4 カップ
- 大さじ 2 細かく刻んだ生姜
- 細かく刻んだにんにく 2 片
- フレッシュライムジュース 大さじ 2
- すりおろしたてのライムの皮 大さじ 1
- はちみつ 大さじ 1
- キャノーラ油 大さじ 1
- 小さじ ½ 塩
- 小さじ ½ 挽きたての黒コショウ
- 1¼ ポンド サーモンの切り身、厚さ 1 インチ、4 片に切り、皮をむき、小骨を取り除く
- クレソンと生姜のピクルスサラダ
- 飾り用ライムウェッジ

方向：

a) 小さなボウルに、ヨーグルト、生姜、にんにく、ライム ジュース、ライムの皮、蜂蜜、オイル、塩、コショウを入れて泡だて器で混ぜます。

b) 浅いガラス皿にサーモンを置き、その上にマリネを注ぎ、サーモンを回してすべての面をコーティングします。ふたをして冷蔵庫で20〜30分マリネし、1〜2回ひっくり返す。

c) その間に、炭火を準備するか、ガスグリルを予熱します。(グリルパンは使用しないでください。鮭がくっつきます。) 3. 柄の長いバーベキュー ブラシを使用して、グリル ラックに油を塗ります。

d) サーモンを皮を上にしてグリルの上に置きます。5分間調理します。2本の金属製スパチュラを使用してサーモンを慎重に裏返し、中央が不透明になるまで4〜6分長く調理します. スパチュラ2本でサーモンをグリルから取り出す。皮膚から滑り落ちます。

e) クレソンサラダをドレッシングで和え、4皿に分けます。サーモンのグリルをのせます。ライムのくさびを飾ります。すぐにサーブします。

37. サーモンのグリル フェンネルのサラダ添え

収量: 2 人前

成分

- 鮭の切り身 140g 2 枚
- 球根フェンネル 1 個。細かくスライス
- 1/2 梨; 細かくスライス
- クルミ 数個
- 砕いたカルダモンシード 1 つまみ
- 1 オレンジ; セグメント化された、ジュース
- コリアンダー 1 束; みじん切り
- ライトフロマージュフレ 50g
- 粉末シナモン 1 つまみ
- 岩塩と粗びき黒こしょう

方向：

a) サーモンに塩、こしょうをふり、グリルで焼きます。

b) 洋ナシとフェンネルを混ぜ合わせ、たっぷりのブラックペッパー、カルダモン、クルミで味付け。

c) オレンジジュースとゼストをフロマージュフレと混ぜ合わせ、シナモンを少々加えます。フェンネルを皿の中央に置き、その上にサーモンを飾ります。お皿の外側をオレンジの房で飾り、オレンジのフロマージュ・フレを添える。

d) フェンネルは、体内のアルコールの毒素の影響を減らし、消化に良い.

38. サーモンのグリル ポテトとクレソン添え

収量: 6 人前

成分

- 3 ポンド 小さな赤い皮の薄い
- ポテト
- 1 カップ 薄くスライスした赤玉ねぎ
- 味付け米酢 1 カップ
- 約 1/2 ポンドのクレソン
- すすぎ、カリカリ
- サーモンフィレ 1 枚、約 2 ポンド。
- しょうゆ 大さじ 1
- 固く固まった黒砂糖 大さじ 1
- ハンノキまたはメスキートウッドチップ 2 カップ
- 水に浸した
- 塩

方向：

a) 5〜6 クォートの鍋に、約 2 クォートの水を強火で沸騰させます。ポテトを追加します。じゃがいもが柔らかくなるまで蓋をして弱火で 15〜20 分煮込みます。排水して冷やします。

b) 玉ねぎを冷水に約 15 分浸してかぶる。玉ねぎの水気を切り、米酢と混ぜます。じゃがいもを四分の一に切る。玉ねぎに加える。

c) 茎から柔らかいクレソンの小枝を切り取り、コースの茎を細かく刻んで **1/2** カップを作ります (余分な部分は破棄するか、他の用途のために取っておきます)。大きな楕円形の大皿に刻んだ茎をポテトサラダと一緒に混ぜます。カバーして冷やす。サーモンをすすぎ、軽くたたいて乾かします。厚手のホイルの上に、皮を下にして置きます。ホイルを魚の輪郭に沿って切り、**1** インチの境界を残します。

d) ホイルの端を魚の端に合わせて圧着します。醤油と黒糖を混ぜ、鮭の切り身に刷毛で塗ります。

e) 魚は炭や火の上ではなく、グリルの中央に置きます。バーベキューに蓋をして（木炭用の通気孔を開けて）、魚の最も厚い部分（テスト用にカット）がほとんど不透明になるまで、**15～20** 分間調理します。魚をサラダと一緒に大皿に移します。塩を加えて味を調えます。ホットまたはコールドでお召し上がりください。

39. サーモン ビナ オルキ

収量: **1** 食分

成分

- 酢 **2** カップ
- 水 **4** カップ
- シナモン小さじ **2**
- 挽いたクミンシード 小さじ **4**
- つぶしたにんにく大 **6** 片
- 塩とコショウの味
- 鮭

方向:

a) 大きなやかんにすべての材料を入れてよく混ぜます。

b) サーモンのスライスを加えてよくかき混ぜ、各スライスがスパイスとニンニクを吸収するようにします．

c) サーモンがどろどろになる傾向があるため、一晩塩水に入れておきますが、**24** 時間以上放置しないでください。

d) 塩水から取り出し、クラッカーのパン粉またはミールで転がし熱した油で揚げます．

40. サーモンとポルチーニのケバブ

材料:

- ¼ カップのオリーブオイル
- 細かく刻んだパセリ ¼ カップ
- 新鮮なタイム 1/4 カップ、茎を取り除き、細かく刻んだ
- レモン汁 大さじ 2
- 粗挽き黒こしょう 大さじ 2
- 塩 小さじ 1
- 1.5 ポンドのサケの切り身、24 の立方体にカット
- 1〜1½ ポンドのキノコ
- 竹串 8 本
- くさびレモン

方向:

a) 大きなボウルに油、パセリ、タイム、レモン汁、塩、こしょうを混ぜます。

b) サーモンの塊を加えてよく混ぜ、蓋をして冷蔵庫で 1 時間冷やす。

c) グリルを予熱します。

d) 混合物を冷蔵庫から取り出し、キノコの塊を加え、トスしてキノコをマリネでコーティングします. ザルで濾します。

e) 鮭とキノコを交互に串に刺し、それぞれに魚 3 切れとキノコ 3 切れを重ねた 8 つのケバブを作ります。

f) 浸した串を油を塗ったグリルに並べ、4 分間調理します。ひっくり返してさらに 4 分間、またはフィレが少し柔らかくなるまで調理します。

41. 天然キングサーモンのグリル

材料:

- ロブスター1尾、1 3/4 ポンド
- ½ カップの溶かしバター
- サーモンフィレ2ポンド
- 細かく刻んだ赤玉ねぎ 1/4 カップ
- 白酢 大さじ3
- 水 大さじ2
- 生クリーム ¼ カップ
- 新鮮なタラゴンのみじん切り 大さじ2
- バター 大さじ4（1/2 スティック）
- 塩と挽きたての黒胡椒
- くし切りレモンとジュース
- ブラッドオレンジサラダ

方向:

a) ロブスターの空洞にバターとレモン汁をまぶします。

b) スモークパンの上で、ロブスターをグリルの上に仰向けに置きます。ふたを閉めて、約25分間燻します。まな板に移し、尾と爪から肉を取り除き、サンゴとすべてのジュースを冷蔵庫に保存します．

c) 玉ねぎ、酢、水を中程度の鍋で中強火で沸騰させます。火を弱め、3~4分、または半分くらいになるまで煮る。クリームとタラゴンを加えます。1~2分間、または半分になるまで煮ます。バターの塊を泡立てます。

d) グリルを準備し、熱い側にサーモンを置きます。

e) ブールブランと一緒に鍋にロブスターの切り身とジュースを加えてかき混ぜ、火を中火に上げます。ふたをして、数回かき混ぜながら、3 ~ 4分間、またはロブスターの肉が完全に加熱されるまで煮込みます。

42. メープルシロップサーモンステーキ

材料:

- ピュアメープルシロップ $\frac{1}{4}$ カップ
- みりんまたは白ワイン $\frac{1}{4}$ カップ
- 減塩醤油 $\frac{1}{4}$ カップ
- オリーブオイル 大さじ 2
- $\frac{1}{2}$ レモンのジュース
- レモンの皮 1 個分（大さじ 1 くらい）
- 砕いた黒こしょう 大さじ 2 杯
- サーモン 2 ポンド、厚さ 3/4 インチのステーキにカット

方向:

a) メープルシロップ、みりん、醤油、油、レモン汁、コショウの実を混ぜ合わせ、腐食しない容器に入れます。ステーキをマリネ液に入れ、冷蔵庫で 30 分間冷やします。

b) グリルを予熱します。

c) マリネからサーモン ステーキを取り出し、水気を切り、軽くたたいて乾かし、マリネを保存します。ステーキを炎の上に直接置き、4 分間調理します。回転させて、さらに 4 分長く、またはステーキが少し柔らかくなるまで調理します。焼き時間は短めでレア、長めでウェルダン。

d) その間にステーキをひっくり返したら、マリネ液を小鍋に入れ中火～強火で沸騰するまで加熱し、5 分ほど煮る。すぐに火を止めます。

e) サーモンステーキの上にレードルソース。

43. サーモンとコーンチャウダー

材料:

- 1ポンドのサーモンフィレ
- 新鮮なとうもろこし2本
- オリーブオイル 大さじ2
- 中程度の細かく刻んだタマネギ1個
- ユーコンゴールドポテト（中）1個、さいの目に切った
- 全乳2カップ
- ライトクリーム1カップ
- 無塩バター 大さじ4
- ウスターソース 小さじ $\frac{1}{2}$
- 細かく刻んだタラゴン 1/4 カップ
- パプリカ小さじ1
- 塩と挽きたての黒胡椒
- オイスタークラッカー

方向:

a) グリルを予熱します。

b) サーモンとトウモロコシの穂軸を油を塗ったグリルの上に置きます。6分間調理します。次にひっくり返して4〜5分長く調理します。脇に置きます。

c) よく切れる包丁でとうもろこしを穂軸から剥がし、サーモンを一口大に切ります。脇に置きます。

d) 4クォートの鍋に大さじ1杯の油を中強火で加熱します。玉ねぎとじゃがいもを加える。蓋をして、約10分間、または玉ねぎが柔らかくなるまで調理します。牛乳、生クリーム、バターウスターソースを加える。約10分、またはじゃがいもが柔らかくなるまで煮る

e) とうもろこし、サーモン、タラゴン、パプリカ、塩、こしょうを加えて混ぜ、5分間煮ます。

f) ボウルに移し、すぐにオイスタークラッカーを添えます。

44. 塩漬けサーモン

6人前

材料:

- 2 x 750g (1 ポンド 10 オンス) のサーモンの切り身
- 大まかにみじん切りにしたディル 1束
- 粗塩 100g
- 上白糖 75g
- 砕いた白胡椒 大さじ 2

わさびとマスタードソース

- 細かくすりおろしたホースラディッシュ 小さじ 2（生または瓶から）
- 細かくすりおろしたタマネギ 小さじ 2
- ディジョンマスタード 小さじ 1
- グラニュー糖 小さじ 1
- 白ワインビネガー 大さじ 2
- 塩ひとつまみ
- ダブルクリーム 175ml

方向:

a) サーモンの切り身の 1 つを、皮を下にして大きなラップの上に置きます。ディルを塩、砂糖、砕いた胡椒と混ぜ、サーモンの切り口に広げます。もう一方のフィレを皮を上にして上に置きます。

b) 魚を 2～3 層の Clingfilm でしっかりと包み、大きくて浅いトレイに持ち上げます。少し小さめのトレイやまな板を魚の上に置き、重さを量ります。2 日間冷やし、12 時間ごとに魚を回転させて、小包の中で発生する塩水混合物が魚を刺激するようにします。

c) ホースラディッシュとマスタードのソースを作るには、クリーム以外のすべての材料を混ぜ合わせます。クリームを柔らかい角状に泡立て、西洋わさびの混合物をかき混ぜ、蓋をして冷やします。

d) 提供するには、サーモンを燻製するように、塩辛い混合物から魚を取り出し、非常に薄くスライスします.各プレートにグラブラックスのスライスを数枚並べ、ソースを添えます。

45. 新鮮なアトランティック サーモンのソテー

収量: 1食分

成分

- 3 鮭の切り身
- バター 大さじ 1
- 小さじ $\frac{1}{4}$ シェフソルト
- $\frac{1}{2}$ カップ味付け小麦粉
- さいの目に切ったトマト 大さじ 1
- ネギのみじん切り 大さじ 1
- きのこのみじん切り 大さじ 1
- 白ワイン 大さじ 2
- 小さなレモンの果汁 $\frac{1}{2}$
- ソフトバター 大さじ 2

方向:

a) 鮭は薄切りにする。サーモンにシェフソルトで味付けし、小麦粉をまぶします。

b) 両側をバターですばやく炒め、取り出します。スライスしたマッシュルーム、トマト、ねぎ、レモン汁、白ワインを加えます。

c) 余熱で約 30 秒弱火にかけます。バターをかき混ぜ、サーモンにソースをかけます。

46. サーモンのグリル パンチェッタ添え

収量: 4人前

成分

- 1ポンドのフレッシュモレルマッシュルーム
- 2 エシャロット; みじん切り
- 1 クローブガーリック; みじん切り
- 大さじ 10 バター; 細かく切る
- ドライシェリーまたはマデイラ 1カップ
- 鮭の切り身 4切れ
- オリーブオイル
- 塩と挽きたてのコショウ
- 16 ネギ
- パンチェッタ大さじ 4; 立方体とトリミング

方向:

a) エシャロットとにんにくを大さじ 2 のバターで弱火で柔らかくなるまで炒めます。モレルを加え、火を上げて 1 分間調理します。シェリーを加えて半分に減らします。

b) 残りのバターを泡だて器で混ぜ、火にかけては火から下ろし、乳化するまで混ぜます。

c) グリルまたはリッジグリルパンを加熱します。サーモンの切り身に油を塗り、塩、こしょうで下味をつける。サーモンを大きな鍋に移し、オーブンで 5〜10 分間調理します。

d) 中型の重いフライパンを強火で加熱します。大さじ数杯のオリーブオイルを加えます。青ねぎとパンチェッタを加える。フラ

イパンを振って焦げないように、手短に調理します。モレル混合物を加えて混ぜます。軽く味付けします。

e) サーモンの切り身を温かいディナープレートの中央に置きます
モレル混合物を上と側面にスプーンでかけます。

47. サーモン入りスパイシーココナッツスープ

成分

- 1 150g。1人あたりサーモンのピース。(150〜180)
- ジャスミンライス 1カップ
- グリーンカルダモンのさや $\frac{1}{4}$ カップ
- クローブ 小さじ1
- 白こしょう 小さじ1
- シナモンスティック 2本
- 4スターアニス
- 油 大さじ2
- 玉ねぎ3個。みじん切り
- ウコン 小さじ $\frac{1}{2}$
- ココナッツミルク 1リットル
- ココナッツクリーム 500ミリリットル
- 完熟トマト 大6個
- ブラウンシュガー 大さじ1
- 魚醤 20ミリリットル
- 塩味
- ガラムマサラ 大さじ2

方向:

a) ガラムマサラ：フライパンでスパイスを別々に乾煎りします。すべてのスパイスをコーヒー グラインダーまたは乳鉢で混ぜ合わせ、乳棒で挽いて挽きます。

b) スパイシー ココナッツ スープ：大きな鍋に油を熱し、玉ねぎを透明になるまで炒めます。ウコンとしょうがを加えて弱火で20分ほど煮たら、残りの具材を加える。沸騰させます。

c) スープを炊いている間に、サーモンライスとジャスミンライスを炊きます。サーモンは、フィッシュストックでポーチしたり炭火で焼いたり、フライパンで揚げたりすることができます．

48． コロンビア川チヌーク

材料:

- 新鮮なサクランボ 1 カップ、洗って穴をあける
- ½ カップのフィッシュストックまたはチキンストック
- 新鮮なタイム 1/4 カップ
- ブランデー 大さじ 2
- 小さじ 1 杯の新鮮なレモン汁
- ブラウンシュガー 大さじ 2
- バルサミコ酢 小さじ 1½
- サーモンの切り身 1.5～2 ポンド
- くさびレモン

方向:

a) グリルを予熱します。

b) さくらんぼをフードプロセッサーのボウルで、粗く刻むまで 3～4 回パルスします。

c) ストック、タイム、ブランデー、レモン汁を鍋に入れ、中火で 10～12 分間、または半分になるまで煮ます。

d) ブラウンシュガーと酢を加えてかき混ぜ、全体に火が通るまで 2～3 分煮る。火から下ろしますが、保温してください。

e) サーモンのフィレを油を塗ったグリルに置き、4～5 分間調理します。ひっくり返して、フィレが少し柔らかくなるまで、4～5 分長く調理します。

f) 4 回に分けてお召し上がりください。温かいソースを 4 枚のプレートの中央に盛り付け、プールを作ります。ソースの上に直接サーモンをのせます。

49. サーモンと野菜のオーブン焼き

サービング: 4 サービング

材料:
- 鮭の切り身 4 枚
- 4 等分に切った大きなトマト 2 個
- 2 つの大きなタマネギ、できれば赤色のタマネギを 4 分の 1 に切ります
- 半分に切った大きなニンニクの球根 1 個
- 2 つの大きなピーマン、赤と緑の品種を細切りにします
- ズッキーニ 1 カップ、厚さ 0.5 インチにスライス
- ブロッコリーの小花 1 カップ
- エキストラバージンオリーブオイル 大さじ 3
- 無塩バター 大さじ 1
- 乾燥ディル 小さじ 1
- 塩とコショウの味
- 新鮮なバジルの葉、細かく刻む

方向:
a) 刻んだ野菜を準備している間、オーブンを華氏 375 度に予熱します。
b) すべての野菜を大きなグラタン皿に入れ、オリーブ オイルを少し垂らします。塩こしょうで味を調え、みじん切りにした野菜にオリーブオイルをまんべんなくまぶす。ベーキングディッシュの側面に野菜を広げます。
c) 味付けした鮭の切り身を真ん中に置きます。柔らかくしたバターを上からかける。
d) 18 ～ 20 分間、またはサーモンが簡単にほぐれ、野菜が柔らかくなるまで調理します。

e) 食べる前に刻んだバジルを添えます。

50. 醤油とハニーグレーズ サーモン

サービング: 6 サービング

材料:
- 新鮮なサーモンの切り身6枚、厚さ1インチ
- 炒りごま油 大さじ4
- ピーマン3個（種を取り、細切りにする）
- 中型の赤玉ねぎ2個、4分の1にスライス
- 薄口しょうゆ 大さじ4
- 皮をむいてすりおろしたショウガ 大さじ1
- 純粋な蜂蜜 大さじ3
- 塩とコショウの味
- 飾り用長ねぎ

方向:
a) フィレの間に1インチのスペースを慎重に残して、大きなベーキングパンにサーモンを置きます。スライスしたピーマン(より味わい深い効果のために緑、赤、黄色)と玉ねぎを鍋に加えます。ごま油の半量を魚にかけます。塩、こしょうをふって味を調えます。
b) 中くらいのボウルに、しょうゆ、はちみつ、すりおろしたしょうが、こしょう、残りのごま油を入れます。
c) ソースをよく混ぜます。
d) 魚の上にソースを注ぐ。サーモンを420Fで25分間焼きます。
e) すぐにサーブしてネギを飾ります。炊きたての白米と一緒に食べると最高です。

51. スパイシーサーモンとヌードルスープ

サービング: 4 サービング

材料:
- サーモンの切り身4枚、厚さ1インチ
- ココナッツミルク 2 カップ
- 3 カップの野菜ストック、自家製またはインスタントの品種
- 200 グラムのアジア風ヌードルまたはビーフン
- みじん切りにしたにんにく 大さじ5
- 細かくスライスした大きな白玉ねぎ 2 個
- 細かく刻んで種を取り除いた大きな赤唐辛子 2 個
- 1 1 インチの新鮮な生姜のつまみ、薄くスライス
- レッドカレーペースト 大さじ 3
- 植物油 大さじ 1
- ねぎ ½ カップ、細かく刻んだ
- 細かく刻んだ一握りのコリアンダー
- 塩とコショウの味

方向:

a) 大きめの鍋に植物油を弱火～中火で熱します。みじん切りにしたにんにく、白ねぎ、唐辛子、しょうが、レッドカレーペーストを加えて、全体に香りが出るまで数分間炒めます。

b) ココナッツミルクと野菜ストックをソテーした混合物に注ぎます。スープを5～8分間ゆっくりと煮込みます。

c) 鮭と麺を鍋に入れ、5～8分煮る。麺のゆで時間は袋の表示を見て調整してください。鮭は焼きすぎないように。

d) 鍋に長ネギとパクチーの葉を入れて火を止める。塩こしょうで味を調えます。

e) すぐに個々のボウルに移し、コリアンダーおよび/またはネギをさらに飾ります。

52. サーモンのポーチドグリーンハーブサルサ添え

サービング: 4 サービング

材料:
- 水 3 カップ
- 緑茶ティーバッグ 4 袋
- サーモンのフィレ大 2 枚（1 枚あたり約 350 グラム）
- エキストラバージンオリーブオイル 大さじ 4
- 絞りたてのレモン汁 大さじ 3
- みじん切りにしたパセリ 大さじ 2
- みじん切りにしたバジル 大さじ 2
- 刻んだばかりのオレガノ 大さじ 2
- みじん切りにしたチャイブ 大さじ 2
- タイムの葉 小さじ 2
- にんにく 小さじ 2

方向:
a) 大きな鍋に水を沸騰させます。緑茶ティーバッグを入れて火から下ろします。
b) ティーバッグを 3 分間浸します。ポットからティーバッグを取り出し、お茶を入れた水を沸騰させます。サーモンを加えて火を弱めます。
c) 真ん中の部分が不透明になるまでサーモンのフィレを茹でます。サーモンを 5 〜 8 分間、または完全に火が通るまで調理します。
d) サーモンを鍋から取り出し、脇に置きます。
e) ブレンダーまたはフードプロセッサーに、みじん切りにしたばかりのハーブ、オリーブオイル、レモン汁をすべて入れます。混合物が滑らかなペーストになるまでよく混ぜます。ペーストを塩こしょうで味付けします。調味料は必要に応じて調整してください。

f) 大皿にポーチド サーモンを盛り付け、その上に新鮮なハーブペーストをのせます。

53. ハニーマスタードグレーズドサーモン

サービング: 4 サービング

材料:
- サーモンの切り身 4 枚、厚さ 1 インチ
- ディジョンマスタード 大さじ 5
- 純粋な蜂蜜 大さじ 5
- 薄口しょうゆ 大さじ 2
- バター 大さじ 2（無塩）
- みじん切りにしたにんにく 大さじ 2
- 塩とコショウの味
- キャノーラ油
- 刻んだばかりのタイムの葉

方向:
a) サーモンの切り身に塩、こしょうで下味をつける。天板にキャノーラ油を刷毛塗りまたはスプレーし、皮を下にしてサーモンを並べます。
b) 中くらいのボウルに、ディジョンマスタード、純粋な蜂蜜、醤油を入れて泡だて器で混ぜます。みじん切りにしたにんにくを入れてよく混ぜます。
c) ペストリーブラシを使用して、サーモンの切り身の両面に混合物をたっぷりと広げます。
d) サーモンにタイムの葉をふりかけます。
e) サーモンを 450F で 20 分間調理します。必要に応じて、残りのハニーマスタード混合物を注ぎます。お好みの焼き加減になるまでサーモンを焼きます。
f) すぐにサービングプレートに移し、タイムの葉を上に置きます。

54. ホースラディッシュサーモン

サービング: 4 サービング

材料:
鮭の切り身
- サーモンの切り身 8 枚、厚さ 1 インチ
- ホースラディッシュソース 大さじ 3
- 薄口しょうゆ 大さじ 3
- エクストラバージン種のオリーブオイル 大さじ 3
- みじん切りにしたにんにく 大さじ 2
- 塩とコショウの味

西洋わさびソース添え
- 薄口しょうゆ 大さじ 1
- 絞りたてのレモン汁 大さじ 2
- ホースラディッシュソース 大さじ 3
- サワークリーム 1 カップ
- マヨネーズ 大さじ 2（脂肪分を減らしたもの）

方向:
a) 中くらいのボウルに、すべての材料を入れてよく混ぜます。ラップで覆い、冷蔵庫で少なくとも 1 時間冷やします。
b) 別のボウルにわさびソース、オリーブオイル、しょうゆ、にんにくを入れて泡立てる。塩、こしょうで味を調え、必要に応じて調味料を調整する。
c) サーモンの切り身を大きな天板またはグリルラックに入れます。フライパンまたはグリルラックにグリースを塗ります。準備した混合物をサーモンの切り身の両面に刷毛で塗ります。
d) サーモンを少なくとも 20 分間焼きます。グリルラックを使用している場合は、サーモンを片面 5 分間調理します。
e) 魚の切り身はすぐに白米と一緒に出してください。より健康的なオプションとして、サーモンと一緒に玄米を提供できます. 横に冷やした西洋わさびソースを添えてください。

55. サーモンとポテトの温サラダ

サービング: 3-4 サービング

合計準備時間: 30 分

材料:
- サーモンの切り身 3 枚、厚さ 1 インチ、皮なし
- 一口大に切った大きなじゃがいも 4 個
- ルッコラとほうれん草の葉 ひと握り
- ¾ カップのサワークリーム
- レモン汁 大さじ 2
- 純粋な蜂蜜 大さじ 2
- ディジョンマスタード 小さじ 2
- にんにく 小さじ 1
- 塩とコショウの味
- 飾り用コリアンダーの葉

方向:
a) サーモンに塩、こしょうで軽く下味をつける。ホイルで包み、ベーキングディッシュに置きます。420F で 15 ~ 20 分間、または完全に調理されるまで調理します。
b) 中くらいの大きさの鍋で、みじん切りにしたじゃがいもを柔らかくなるまで茹でます。すぐに排水して脇に置きます。
c) 大きなサラダ ボウルに、サワー クリーム、レモン汁、蜂蜜、マスタード、にんにくを入れます。すべての材料をよく混ぜます。塩こしょうを加えて味を調えます。
d) サラダの葉を手でちぎり、ボウルに入れます。茹でたじゃがいもを入れる。
e) 焼きあがったサーモンを一口大にほぐし、サラダボウルに入れる。材料をよく混ぜます。
f) サーブする前に、みじん切りにしたばかりのコリアンダーをふりかけます。

56. ワンポットサーモンライスとスナップエンドウ添え

サービング: 4 サービング

材料:
- 長粒種の白米 1 カップ
- 水 2 カップ
- 1 ポンドのサーモン、皮を取り除き、4 つにスライス
- シュガースナップエンドウ $\frac{1}{2}$ カップ
- 薄口しょうゆ 大さじ 6
- 米酢 大さじ 2
- すりおろした新鮮なショウガ 1 インチ
- ブラウンシュガー 大さじ 1
- 塩とコショウの味
- 新鮮なみじん切りのネギ 1/2 カップ

方向:
a) パッケージの指示に従って米を洗います。中型のフライパンに米と水を入れて蓋をする。混合物を弱火から中火で 10 分間沸騰させます。
b) サーモンに塩、こしょうで下味をつける。そしてすぐにご飯の上にのせます。
c) 米がすべての水を吸収するまでサーモンを調理します。
d) スナップえんどうを入れて、フライパンにふたをしてさらに 5 分。エンドウ豆がすでに柔らかく、サーモンが希望の焼き加減に達しているかどうかを確認します。
e) 小さめのボウルに醤油、酢、ねぎ、しょうが、砂糖を入れて混ぜ合わせます。調味料は必要に応じて調整してください。
f) サーモン、ライス、スナップエンドウを皿に移し、ソースと一緒に盛り付けます。サーモンとご飯の上に、刻んだネギを散らします。

57. サーモンのトマトと玉ねぎのガーリック焼き

サービング: 6 サービング

材料:
- サーモンの切り身 6 切れ（皮なし）
- 大きなトマト 4 個、半分に切る
- 中サイズの赤玉ねぎ 3 個、4 分の 1 に切る
- エキストラバージンオリーブオイル 大さじ 2
- パプリカパウダー 小さじ 1
- みじん切りにした大きなニンニクの球根 1 個
- フレッシュタイムスプリング 10 個
- 無塩バター 大さじ 1
- 塩とコショウの味

方向:
a) 無塩バターを大きなグラタン皿にこすりつけ、皿が均一にコーティングされていることを確認します.
b) 鮭の切り身、トマト、玉ねぎを天板に並べます。
c) エクストラバージン オリーブ オイルをまぶし、塩とこしょうを少々加えます。サーモンの両面にパプリカパウダーをふりかけます。
d) にんにくのみじん切りとフレッシュタイムをサーモンに加えます。
e) サーモンを 420F で 10 ~ 12 分間調理します。サーモンが調理されているかどうかを確認するには、フォークで刺して、フレークが簡単に崩れるかどうかを確認します。
f) サーモンと野菜をすぐに大皿に移します。新鮮さを増すためにタイムの葉を投げます。

58. サーモンの黒豆ソース焼き

サービング: 4 サービング

材料:
- サーモンの切り身 4 枚、皮と小骨を取り除く
- 黒豆ソースまたは黒豆ガーリックソース 大さじ 3
- ½ カップのチキンストック（またはより健康的な代替品としての野菜ストック）
- みじん切りにしたにんにく 大さじ 3
- すりおろした新鮮なショウガ 1 インチ
- シェリー酒または酒（または料理用ワイン）大さじ 2
- 絞りたてのレモン汁 大さじ 1
- 魚醤 大さじ 1
- ブラウンシュガー 大さじ 2
- 赤唐辛子フレーク 小さじ ½
- 新鮮なコリアンダーの葉、細かく刻んだ
- ネギを飾りに

方向:
a) 大きなベーキングパンにグリースを塗るか、羊皮紙で同じように並べます．オーブンを華氏 350 度に予熱します。
b) 中くらいのボウルにチキンストックと黒豆ソースを混ぜます。みじん切りにしたにんにく、すりおろした生姜、シェリー酒、レモン汁、魚醤、ブラウンシュガー、チリフレークを加えます。ブラウンシュガーが完全に溶けるまでよく混ぜます。
c) サーモンの切り身に黒豆ソースを注ぎ、少なくとも 15 分間、サーモンが黒豆の混合物を完全に吸収するようにします。
d) サーモンをベーキングディッシュに移します。15〜20 分間調理します。サーモンがオーブンで乾燥しすぎないようにしてください。
e) 刻んだコリアンダーとネギを添えて。

59. サーモンフィッシュケーキとベジタブルライス

サービング: 4 サービング

合計準備時間: 30 分

材料:

サーモンケーキ
- ピンクサーモン 2 缶、水気を切る
- 1つの大きい卵
- ½ カップのパン粉パン粉
- コーンスターチ 大さじ ½
- 水気を切ったケッパー 大さじ 2
- ネギまたはパセリのみじん切り 大さじ 3
- 塩とコショウの味
- 揚げ物用植物油

ベジタブルライス
- 未調理の玄米 1 カップ
- グリーンピース ½ カップ
- みじん切りにんじん ¼ カップ
- ¼ カップのスイートコーン
- ねぎ 大さじ 3
- 絞りたてのレモン汁 大さじ 2

方向:

a) ブレンダーまたはフードプロセッサーでサーモンケーキのすべての材料を混ぜ合わせます。どっしりとしたペースト状になるまでよく混ぜます。

b) 混合物を冷蔵庫で 20 分間冷やします。

c) 生地が少し固まってきたら、大さじ 1 杯を手に取り、パティ状に形を整えます。すべてのサーモンのパテが成形され、形成されるまで、このプロセスを繰り返します。

d) 大きなフライパンで植物油を熱し、サーモンのパテをカリカリの黄金色になるまで炒めます。
e) パティミックスが冷蔵庫にある間に、玄米をパッケージの指示に従って調理します。炊飯器にグリーンピース、にんじん、とうもろこしを入れ、水気がなくなったら炊飯器に入れる。ご飯を野菜と一緒に混ぜ、残りの蒸気で野菜を調理します。絞りたてのレモン汁を入れます。
f) 食べる前に、みじん切りにしたネギを野菜ご飯にふりかけます。カリカリのサーモンケーキを添えて。

60. しょうがしょうがサーモン

サービング: 4 サービング

材料:
- サーモンの切り身 4 切れ（皮と骨を除く）
- すりおろした生姜 大さじ 4
- みじん切りにしたにんにく 大さじ 2
- ブラウンシュガー 大さじ 1
- 純粋な蜂蜜 大さじ 2
- ディジョンマスタード 小さじ 1
- ½ カップのフレッシュオレンジジュース
- 薄口しょうゆ 大さじ 3
- オレンジの皮のすりおろし
- 塩とコショウの味
- エクストラバージンオリーブオイル 大さじ 1

方向:
a) 中型から大型のボウルに、オレンジ ジュース、はちみつ、醤油、オレンジの皮、マスタード、砂糖、にんにく、生姜をよく混ぜ合わせます。すりおろしたばかりのオレンジの皮をかき混ぜます。この混合物の半分をサーモンの上に注ぎます。
b) オーブンを華氏 350 度に予熱します。サーモンに挽きたてのコショウと塩で味付けし、オリーブ オイルを均一に塗ります。
c) サーモンをベーキングディッシュに入れ、15～20 分間焼きます。
d) 小から中サイズの鍋に、混合物の残りの半分を注ぎ、煮る。次に、混合物を 5 分間、またはソースがとろみがつくまでかき混ぜます。
e) サーモンにソースをかけます。みじん切りにしたコリアンダーまたはネギを飾ります。

61.　サーモンのチリココナッツソース添え

サービング：6 サービング

材料：
- 鮭の切り身 6 切れ
- 無塩バター 大さじ 2
- エクストラバージンオリーブオイル 大さじ 1
- みじん切りにしたにんにく 4 片
- 白タマネギ 大さじ 4（みじん切り）
- すりおろしたしょうが 1 インチ
- ピュアココナッツミルク 2 カップ
- 粗く刻んだ赤唐辛子 大さじ 2
- コリアンダー 大さじ 3（みじん切り）
- 塩とコショウの味

方向：
a) サーモンの切り身に、挽きたてのコショウと塩で味付けします。
b) 弱火～中火でバターとオリーブオイルを熱し、すぐに大きなソースパンににんにく、玉ねぎ、しょうがを入れて炒める。絶えずかき混ぜながら、2 分間、またはこれらの調味料が香ばしくなるまで調理します。唐辛子を追加して、激しいキックをします。
c) ココナッツミルクをゆっくりと注ぎ、沸騰させます。これを 10 分間、またはソースがとろみがつくまで煮ます。
d) 別のフライパンにオリーブオイルをひき、鮭の切り身を並べる。弱火で片面 5 分ずつ焼きます。フィレを焦がさないように注意し、すぐにサービングプレートに移します．
e) サーモンの切り身の上にスパイシーなココナッツソースを注ぎます。みじん切りにしたばかりのコリアンダーをトッピングして、よだれが出そうな外観にします。

62. ほうれん草とサーモンのパプリカ焼き

サービング: 6 サービング

材料:
- ピンクサーモンの切り身 6 枚、厚さ 1 インチ
- 絞りたてのオレンジジュース $\frac{1}{4}$ カップ
- 乾燥タイム 小さじ 3
- エキストラバージンオリーブオイル 大さじ 3
- スイートパプリカパウダー 小さじ 3
- シナモンパウダー 小さじ 1
- ブラウンシュガー 大さじ 1
- ほうれん草の葉 3 カップ
- 塩とコショウの味

方向:
a) サーモンの切り身の両側にオリーブを軽く刷毛で塗り、パプリカ パウダー、塩、コショウで味付けします。室温で 30 分間放置します。サーモンにパプリカのすり身を吸収させます。
b) 小さなボウルに、オレンジ ジュース、乾燥タイム、シナモン パウダー、ブラウン シュガーを入れて混ぜます。
c) オーブンを 400F に予熱します。サーモンをホイルで裏打ちされたベーキングパンに移します。マリネをサーモンに注ぎます。サーモンを 15〜20 分間調理します。
d) 大きなフライパンに小さじ 1 杯のエキストラバージンオリーブオイルを加え、ほうれん草を数分間、またはしんなりするまで調理します。
e) ほうれん草を添えて焼きサーモンを添えます。

63.　鮭の照り焼き 野菜添え

サービング: 4 サービング

材料:
- サーモンの切り身 4 枚、皮と小骨を取り除く
- 一口大に切った大きなさつまいも（または単にじゃがいも）1 個
- 一口大に切った大きなにんじん 1 本
- くし形に切った大きな白玉ねぎ 1 個
- 3 つの大きなピーマン (緑、赤、黄色)、みじん切り
- ブロッコリーの小房 2 カップ（アスパラガスで代用可）
- エキストラバージンオリーブオイル 大さじ 2
- 塩とコショウの味
- ねぎ、みじん切り

テリヤキソース
- 1 カップの水
- しょうゆ 大さじ 3
- みじん切りにしたにんにく 大さじ 1
- ブラウンシュガー 大さじ 3
- 純粋な蜂蜜 大さじ 2
- コーンスターチ 大さじ 2（水大さじ 3 で溶かす）
- 炒りごま 大さじ ½

方向:
a) 小さめのフライパンにしょうゆ、しょうが、にんにく、砂糖、はちみつ、水を弱火にかけます。混合物がゆっくりと沸騰するまで、絶えずかき混ぜます。コーンスターチの水を入れて混ぜ、とろみがつくまで待ちます。ゴマを入れて置いておきます。
b) 大きなグラタン皿に無塩バターまたはクッキングスプレーを塗ります。オーブンを 400F に予熱します。

c) 大きめのボウルに野菜を全て入れ、オリーブオイルを回しかけます。野菜が油でよくコーティングされるまでよく混ぜます。挽きたてのコショウと塩少々で味付けします。
d) 野菜をベーキングディッシュに移します。野菜を横に散らし、ベーキングディッシュの中央にスペースを空けます。
e) 焼き皿の中央にサーモンを置きます。照り焼きソースの 2/3 を野菜とサーモンにかけます。
f) 鮭を 15～20 分焼きます。
g) 焼き鮭と野菜のローストを素敵なサービングプラッターに移します. 残りのテリヤキソースを注ぎ、ネギのみじん切りを飾る。

64.　新鮮な桃とサーモンのグリル

サービング: 6 サービング

材料:
- サーモンの切り身 6 枚、厚さ 1 インチ
- スライスした桃の大きな缶 1 個、軽いシロップの種類
- 白砂糖 大さじ 2
- 薄口しょうゆ 大さじ 2
- ディジョンマスタード 大さじ 2
- 無塩バター 大さじ 2
- すりおろした新鮮なショウガ 1 インチ
- エクストラバージン種のオリーブオイル 大さじ 1
- 塩とコショウの味
- 刻んだコリアンダー

方向:
a) スライスした桃の水気を切り、大さじ 2 程度の軽いシロップを取っておきます。桃は一口大に切る。
b) 大きなグラタン皿にサーモンの切り身を入れます。
c) 中くらいの鍋に、取っておいたピーチシロップ、白砂糖、醤油、ディジョンマスタード、バター、オリーブオイル、しょうがを入れます。混合物が少しとろみがつくまで、弱火でかき混ぜ続けます。味に応じて塩、こしょうを加える。
d) 火を止め、しつけブラシを使って混合物の一部をサーモンの切り身にたっぷりと広げます。
e) 切った桃を鍋に入れ、釉薬をまんべんなくかける。グレーズした桃をサーモンの上に注ぎ、均等に広げます。
f) サーモンを 420F で約 10 ~ 15 分間焼きます。鮭が焦げないように目を離さないように注意してください。
g) サーブする前に、みじん切りにしたばかりのコリアンダーをふりかけます。

65.　クリーミーなペストとサーモン

サービング: 4 サービング

材料:
- サーモンの切り身 4 枚、厚さ 1 インチ
- $\frac{1}{4}$ カップのフルクリームミルク
- $\frac{1}{2}$ カップのクリームチーズ、減脂肪/ライトタイプ
- バジルペストソース 1/3 カップ
- エキストラバージンオリーブオイル 大さじ 2
- 塩とコショウの味
- 刻んだパセリ

方向:
a) サーモンに塩、こしょうで下味をつける。グリルパンにオリーブオイルを加え、サーモンを片面 5 分間、または火が通るまで焼きます。
b) サーモンの切り身をサービングプレートに移します。
c) 中程度の鍋にオリーブオイルを熱し、ペストソースを加えて 2 分間調理します。
d) 牛乳とクリームチーズを入れて混ぜ合わせます。クリームチーズがペストソースと完全に溶けるまでかき混ぜ続けます。
e) クリーミーなペストをサーモンに注ぎます。みじん切りにしたパセリを飾ります。

66.　サーモンとアボカドのサラダ

サービング: 4 サービング

材料:
- サーモンの切り身 4 枚（皮なし）
- 中くらいのアボカド 3 個
- きゅうり 1/2 カップ、薄くスライス
- 塩とコショウの味
- サラダの葉（レタス、ルッコラ、クレソン） 300g
- みじん切りにしたミントの葉 ひと握り
- 赤玉ねぎ 1/2 個、薄切り
- 純粋な蜂蜜 大さじ 4
- エキストラバージンオリーブオイル 大さじ 3
- 絞りたてのレモン汁 大さじ 3

方向:
a) サーモンに塩、こしょうで軽く下味をつける。
b) サーモンを 420F で 15 ～ 20 分間、または好みの焼き加減になるまで焼きます。しばらく置いておきます。
c) 大きなサラダボウルに、レモン汁、蜂蜜、オリーブオイルを混ぜます。塩、こしょうで味をととのえ、必要に応じて味を調える。
d) アボカドを一口大に切り、サラダボウルに入れる。
e) サラダ菜、赤玉ねぎ、ミントの葉をボウルに入れます。
f) サーモンの切り身を一口大にほぐす。それらをボウルに入れます。すべての材料をよく混ぜます。

67. サーモン野菜チャウダー

サービング: 4 サービング

材料:
- サーモンの切り身 2 切れ 皮をむき、一口大に切る
- 細かく刻んだ白タマネギ 1/2 カップ
- 皮をむいてさいの目に切ったサツマイモ $1\frac{1}{2}$ カップ
- ブロッコリーの小花 1 カップ、小片に切る
- チキンスープ 3 カップ
- 全乳 2 カップ
- 中力粉 大さじ 2
- 乾燥タイム 小さじ 1
- 無塩バター 大さじ 3
- ローリエ 1 枚
- 塩とコショウの味
- フラットパセリ、細かく刻む

方向:
a) みじん切りにした玉ねぎを無塩バターで透き通るまで炒める。小麦粉をかき混ぜ、バターと玉ねぎをよく混ぜます。チキンブロスと牛乳を注ぎ、サツマイモの角切り、ローリエ、タイムを加えます。
b) 時々かき混ぜながら、混合物を 5〜10 分間煮ます。
c) サーモンとブロッコリーの小花を追加します。その後、5〜8 分間調理します。
d) 塩、こしょうで味をととのえ、必要に応じて味を調える。
e) 小さなボウルに移し、パセリのみじん切りを飾る。

68.　スモークサーモンのクリーミーパスタ

サービング: 2 サービング

材料:
- 大きなスモーク サーモンの切り身 2 枚
- すりおろしたパルメザンチーズ 3/4 カップ
- 万能クリーム ½ カップ
- 細かく刻んだ大きな赤玉ねぎ 1 個
- 無塩バター 大さじ 3
- 新鮮なにんにくのみじん切り 大さじ 2
- フルクリームミルク 大さじ 2
- エクストラバージンオリーブオイル 大さじ 1
- 250 グラムのフェットチーネまたはスパゲッティ ヌードル
- 塩とコショウの味
- 付け合わせにフレッシュパセリ

方向:
a) 中火で、中サイズから大サイズの鍋に水を沸騰させます。次に、フェットチーネ (またはスパゲッティ ヌードル) を加えて、10 〜 12 分間、または噛んだときに固くなるまで調理します。パスタのゆで汁を 1/2 カップ取っておきます。
b) 大きなフライパンで、バターとオリーブオイルを溶かします。玉ねぎとにんにくを加え、玉ねぎが透き通るまで炒める。
c) 生クリームと牛乳を加えて、弱火で煮る。
d) パルメザン チーズを入れ、チーズがソースとよく混ざるまでソースをかき混ぜ続けます。ひびの入ったコショウで味付けします。
e) ソースにパスタのゆで汁を少しずつ加えて、じっくりと煮込みます。泡が立ち始めたら火を止めます。
f) パスタ麺の水気をよく切り、フライパンに投入。パスタとソースをよく混ぜ合わせ、スモークサーモンのフレークを加えます。
g) 熱いうちにすぐにサーブし、刻んだパセリとすりおろしたパルメザン チーズを添えます。

69. 黒鮭と野菜の炊き込みご飯

サービング: 4 サービング

材料:
鮭
- サーモンの切り身 4 切れ（皮をむく）
- スイートパプリカ 小さじ 1
- 乾燥オレガノ 小さじ 1
- 乾燥タイム 小さじ 1
- クミンパウダー 小さじ 1
- フェンネル 小さじ ½
- エクストラバージンオリーブオイル 大さじ 1
- 無塩バター 大さじ 1

米
- ジャスミンライス 2 カップ
- 水 3.5 カップ
- スイートコーン ½ カップ
- みじん切りにした大きな白タマネギ 1 個
- 細かく刻んだ大きなピーマン 1 個
- 細かく刻んだコリアンダーの葉 1/2 カップ
- ネギ 1/4 カップ、細かく刻む
- 黒豆 1/2 カップ、よく水気を切る
- スモークしたスペイン産パプリカ 小さじ ½
- 絞りたてのライムジュース 大さじ 2
- エクストラバージンオリーブオイル 大さじ 1

方向:
a) 浅めの中型のボウルに、サーモンの調味料をすべて混ぜ合わせます。軽く塩、こしょうで味をととのえ、お好みで味を調整し

てください。各サーモンをスパイス ミックスでコーティングします。脇に置いて、サーモンにすべての味を吸収させます．

b) 弱火で中鍋にオリーブオイルを熱します。タマネギ、スイートコーン、ピーマンを加えます。玉ねぎが半透明になるまでかき混ぜます。パプリカを加えて 2 分間かき混ぜます。水を注ぎ、ジャスミンライスを加えます。弱火にして鍋に蓋をします。15 ～ 20 分、または米が完全に水分を吸収するまで調理します。5 分間放置します。

c) 黒豆、コリアンダー、ネギ、ライム ジュースをご飯に混ぜます。よく混ぜます。

d) フライパンにオリーブオイルとバターを中火で熱します。サーモンを片面 8 ～ 10 分ずつ焼きます。

e) 野菜炊き込みご飯と一緒に盛り付けます。

70.　ジンジャー サーモンとハニーデュー メロンのサルサ添え

サービング: 4 サービング

材料:
- サーモンの切り身 4 枚（皮なし）
- 小さな立方体に切ったハニーデューメロン 2 カップ
- 絞りたてのレモン汁 大さじ 2
- みじん切りにしたパクチーの葉 1/4 カップ
- 細かく刻んだミントの葉 大さじ 2
- 赤唐辛子フレーク 小さじ 1
- すりおろした生姜 大さじ 3
- 小さじ 2 杯のカレー粉
- エキストラバージンオリーブオイル 大さじ 2
- 塩、白こしょうで味を調える

方向:
a) ハニーデューメロン、コリアンダー、ミント、レモン汁、チリフレークを中くらいのボウルに入れます。塩、こしょうで味を調え、必要に応じて調味料を調整する。
b) サルサを冷蔵庫で 15 分以上冷やす。
c) 別のボウルに、すりおろした生姜、カレー粉、塩、こしょうを混ぜ合わせる。この混合物をサーモンの切り身の両側に広げます。
d) 魚がマリネできるように 5 分間置いておきます。
e) オリーブオイルを弱火〜中火で熱します。サーモンを片面 5〜8 分、または魚の中心が不透明になるまで焼きます。
f) 冷やしたメロンサルサを添えてサーモンをサーブします。

71. アジアンスタイル サーモンとヌードル

サービング: 4 サービング

材料:
鮭
- サーモンの切り身 4 切れ（皮をむく）
- 炒りごま油 大さじ 2
- 純粋な蜂蜜 大さじ 2
- 薄口しょうゆ 大さじ 3
- ホワイトビネガー 大さじ 2
- みじん切りにしたにんにく 大さじ 2
- すりおろした生姜 大さじ 2
- 炒りごま 小さじ 1
- 飾り用長ねぎのみじん切り

ライスヌードル
- アジアンビーフン 1 パック

ソース
- 魚醬 大さじ 2
- 絞りたてのライムジュース 大さじ 3
- チリフレーク

方向:
a) 鮭のマリネは、ごま油、醤油、酢、はちみつ、にんにくのみじん切り、ごまを混ぜます。サーモンに注ぎ、魚を 10～15 分間マリネします。
b) オリーブオイルを軽く塗った耐熱皿にサーモンを入れます。420F で 10～15 分間調理します。
c) サーモンをオーブンに入れている間に、ビーフンをパッケージの指示に従って調理します。よく水気を切り、個々のボウルに移します。

d) 魚醤、ライムジュース、チリフレークを混ぜ合わせ、ビーフンに注ぎます。
e) 焼きたてのサーモンフィレを各ヌードルボウルにのせます。ネギとゴマを飾ります。

72. サーモンのフライとレモニー ライス

サービング: 4 サービング

材料:

米
- ご飯 2 杯
- チキンスープ 4 カップ
- 白こしょう 小さじ ½
- 小さじ ½ ガーリックパウダー
- 細かく刻んだ白タマネギ 1 個
- 細かくすりおろしたレモンの皮 小さじ 1
- 絞りたてのレモン汁 大さじ 2

鮭
- 鮭の切り身 4 切れ、小骨を取り除く
- 塩とコショウの味
- エキストラバージンオリーブオイル 大さじ 2

ディルソース
- 低脂肪タイプのギリシャヨーグルト 1/2 カップ
- 絞りたてのレモン汁 大さじ 1
- 細かく刻んだねぎ 大さじ 1
- 細かく刻んだ新鮮なディルの葉 大さじ 2
- 小さじ 1 杯の新鮮なレモンの皮

方向:
a) 小さなボウルにディルソースの材料をすべて混ぜます。冷蔵庫に少なくとも 15 分間入れます。
b) 中くらいの大きさの鍋で、チキンスープを沸騰させます。ご飯、にんにく、玉ねぎ、白こしょうを入れて軽く炒める。
c) 鍋にふたをして、鶏がらスープをご飯に吸わせるまで煮る。

d) スープが完全に吸収されたら、レモンの皮とジュースを加えてよくかき混ぜます。ふたをして、さらに5分炊く。
e) 大きめのフライパンにオリーブオイルを弱火で熱します。サーモンは揚げる前に塩、こしょうで下味をつける。サーモンを片面5〜8分、またはお好みの焼き加減になるまで焼きます。
f) フライパンで焼いたサーモンにご飯とソースを添えます。

サーモンサラダ

73. アラスカサーモンとアボカドのパスタサラダ

収量: 4人前

成分

- 6オンスのドライパスタ
- アラスカサーモン 1缶
- フレンチドレッシング 大さじ2
- ねぎ 1束; 薄切り
- 1赤ピーマン
- コリアンダーまたはパセリ 大さじ3; みじん切り
- ライトマヨネーズ 大さじ2
- 1ライム; 果汁と皮のすりおろし
- トマトペースト 大さじ1
- 3熟したアボカド; さいの目に切った
- サワークリーム $\frac{1}{2}$カップ
- 添えるレタスの葉
- お好みでパプリカ

方向：

a) パッケージの指示に従ってパスタを調理します。水気を切り、フレンチドレッシングで和える。冷ます。サーモンの水気を切り、ほぐします。ネギ、スライスしたピーマン、コリアンダーと一緒にパスタに加えます。

b) ライムジュースとすりおろした皮、マヨネーズ、サワークリーム、トマトペーストを完全に混ぜ合わせます。パスタサラダにドレッシングをかけます。塩こしょうで味を調えます。カバーして冷やす。サーブする前に、アボカドをサラダにそっと入れます。

c) レタスの葉の上にサラダをスプーンでのせます。飾りにパプリカを散らす。

74. アラスカサーモンサラダサンド

収量: 6 サンドイッチ

成分

- アラスカサーモンの缶詰 15½ オンス
- 無脂肪プレーンヨーグルト 1/3 カップ
- ⅓ カップ みじん切りネギ
- セロリのみじん切り ⅓カップ
- レモン汁 大さじ 1
- 黒コショウ; 味わう
- パン 12 枚

方向：

a) サーモンの水気を切り、ほぐします。コショウとパン以外の残りの材料をかき混ぜます。コショウで味を調えます。

b) スライスしたパンの半分にサーモンの混合物を広げます。残りのパンをのせます。サンドイッチを半分または 4 分の 1 に切ります。

c) サンドイッチ 6 個分。

75. スモークサーモンとキュウリとパスタのサラダ

収量: 3人前

成分

- 3オンスの細いスパゲッティ。調理済み
- $\frac{1}{2}$ キュウリ; 4等分/スライス
- 新鮮なディル 大小3本
- リーフレタス1カップ; 一口大にちぎった
- 1つまたは2つのネギとトップのいくつか。スライスされた
- 3オンスのスモークサーモン; フレーク (最大 4)
- 無脂肪または低脂肪のサワークリーム $\frac{1}{4}$ カップ
- 無脂肪ヨーグルト 大さじ2（プレーン）
- レモン汁 大さじ1
- 1トマト; くさびで
- 新鮮なパセリの小枝

方向：

a) 沸騰した塩水でパスタを茹でる。その間、サラダの残りの材料をミディアムボウルに混ぜ合わせ、付け合わせとして使用するサーモンのフレークをいくつか取っておきます．小さなボウルに、ドレッシングの材料を混ぜ合わせます。

b) 冷やしたパスタをサラダの残りの材料と混ぜます。ドレッシングを加えて軽く混ぜ合わせます。サーモンフレーク、トマト、パセリを飾ります。チル。

c) 提供時間の **10** 分前に冷蔵庫から取り出してください。

76.　サーモンのカラメル添え 温かいポテトサラダ

収量: 4人前

成分

- オリーブオイル 大さじ2
- 1/2 ポンドの挽いたアンドゥイユ ソーセージ
- 玉ねぎの千切り 2カップ
- 1塩; 味わう
- 挽きたての黒コショウ1個; 味わう
- にんにくのみじん切り 大さじ1
- 2ポンドの白いジャガイモ; 皮をむき、さいの目に切った、
- 1柔らかくなるまで煮る
- クレオールマスタード $\frac{1}{4}$ カップ
- $\frac{1}{4}$ カップのみじん切りネギ; 緑の部分のみ
- 鮭の切り身 8切れ
- 1 バイユー ブラスト
- グラニュー糖 2カップ
- 細かく刻んだ新鮮なパセリの葉 大さじ2

方向:

a) 大きなソテーパンで、中火で大さじ1杯の油を加えます。

b) 油が熱くなったらソーセージを入れる。ソーセージを2分間焼きます。玉ねぎを加えます。塩こしょうで味を調えます。玉ねぎを4分間、または柔らかくなるまで炒めます。にんにくとじゃがいもをかき混ぜます。

c) 塩こしょうで味を調えます。4分間ソテーし続けます。マスタードとネギをかき混ぜます。火から下ろし、脇に置きます。バイユーブラストでサーモンの両面に味付けをします。

d) サーモンを砂糖に浸し、完全にコーティングします。2つの大きなソテーパンで残りの油を加熱します。サーモンを加え、片面約3分、またはサーモンがカラメルになるまで焼きます。

e) 温かいポテトサラダを各プレートの中央に盛り付けます。サーモンをサラダの上にのせます。パセリを飾る。

77. サーモンの凝固サラダ

収量: 6人前

成分

- 無香料ゼラチン 大さじ 2
- $\frac{1}{4}$ カップ 冷水
- 1 カップ 沸騰したお湯
- 絞りたてのレモン汁 大さじ 3
- サーモンフレーク 2 カップ
- $\frac{3}{4}$ カップ サラダドレッシングまたはマヨネーズ
- さいの目に切ったセロリ 1 カップ
- $\frac{1}{4}$ カップ みじん切りピーマン
- 玉ねぎのみじん切り 小さじ 1
- 小さじ $\frac{1}{2}$ 塩
- コショウ 1 ダッシュ

方向：

a) 冷水でゼラチンを柔らかくします。沸騰したお湯を加えてから、よく冷やします。レモン汁、サーモン、サラダドレッシングまたはマヨネーズ、調味料を加えます。

b) 油を塗った型に流し入れ、固まるまで冷やす。収量：6人前。

78. クールなサーモン ラバーズ サラダ

収量: 4人前

成分

- 1 ポンド 調理済みキングまたはコーホー サーモン。バラバラに壊れた
- スライスしたセロリ 1 カップ
- 粗く刻んだキャベツ 1/2 カップ
- $1\frac{1}{4}$ カップのマヨネーズまたはサラダドレッシング;(1 1/2 まで)
- 甘いピクルスのレリッシュ 1/2 カップ
- 大さじ 1
- 玉ねぎのみじん切り 大さじ 1
- 小さじ 1/4 の塩
- コショウ 1 ダッシュ
- レタスの葉; ロメインの葉、またはエンダイブ
- 薄切りラディッシュ
- ディルピクルスのスライス
- ロールパンやクラッカー

方向：

a) 大きなミキシング ボウルを使用して、サーモン、セロリ、キャベツをそっと混ぜ合わせます。

b) 別のボウルに、マヨネーズまたはサラダ ドレッシング、ピクルス レリッシュ、ホースラディッシュ、タマネギ、塩、コショウを入れて混ぜ合わせます。それをサーモンの混合物に加え、トスしてコーティングします。サラダにふたをして、提供時間まで冷やします (最大 24 時間)。

c) サラダボウルに野菜を並べます。サーモンの混合物をスプーンで入れます。大根とディルのピクルスをのせます。ロールまたはクラッカーでサラダを提供します。

d) メインディッシュ 4 品分です。

79.　サーモンのディルサラダ

収量: 6人前

成分

- 無脂肪プレーンヨーグルト 1カップ
- 細かく刻んだ新鮮なディル 大さじ2
- 赤ワインビネガー 大さじ1
- 塩と挽きたてのコショウ
- 皮と筋を取り除いた 2 ポンドのサケの切り身 (厚さ 1 インチ) 1 枚
- キャノーラ油 大さじ1
- 小さじ ½ 塩
- 小さじ ½ 挽きたてのコショウ
- きゅうり 中1本
- カーリーリーフレタス
- 4 熟したトマト; 細かくスライス
- 中2個 赤玉ねぎ; 皮をむいて薄くスライスし、輪切りにする
- 1 レモン; 縦半分に切って薄切りにする

方向：

a) ドレッシングを作る：ヨーグルト、ディル、ビネガー、塩、コショウを混ぜ合わせます。冷蔵します。サラダを作る：サーモンの両面に油、塩、こしょうをふりかける。

b) 非常に熱くなるまでグリルを加熱します。サーモンをグリルに置き、ふたをして、片面約 3 分半ずつフレーク状になるまで焼きます。サービングプレートに移し、少なくとも 5 分間休ませます。1/2 インチのスライスに切り分けます。

c) サーモンをボウルに入れ、ドレッシングで和えます。カバーして冷蔵します。きゅうりは食べる直前に皮をむき、縦半分に切る。小さなスプーンを使って中心をこすり落とし、種を取り除きます。薄切りにする。

d) レタスの葉が並ぶ大皿の中央にマウンド サーモンのミックス。キュウリ、トマト、タマネギ、レモン スライスで囲みます。必要に応じて追加のディルを飾ります。

80. サクサクのハーブとオリエンタルサラダを添えたサーモン

収量: 1人前

成分

- サーモンフィレ 160グラム
- 中国五香粉 5g
- 醤油 15ml
- 10グラムのトマト；さいの目に切った
- ビネグレット小さじ2
- オリーブオイル 20ミリリットル
- ミックスサラダの葉 40グラム
- バジル、コリアンダー、パセリの揚げ物 5グラム
- 水栗 10グラム；スライスされた
- 10グラムの皮をむいた赤と緑のピーマン；千切り
- 塩と黒胡椒

方向：

a) サーモンを醤油と五香でマリネします。少量のオリーブオイルで両面をじっくり焼きます。

b) サラダの葉をドレスアップします。水栗を皿に盛り、サーモンをのせ、サラダの葉をコショウで周りに並べます。

81. 島サーモンのサラダ

収量: 1 人前

成分

- 8 オンスのサーモンまたは他の固い魚の切り身
- オリーブオイル 大さじ 1
- ライムまたはレモン汁 大さじ 1
- 小さじ 1 杯のケイジャンまたはジャマイカのジャークシーズニング
- ちぎったミックスグリーン 6 カップ
- ミディアムオレンジ 2 個。皮をむいて薄切りにする
- いちご 1 カップ; 半減
- 中サイズのアボカド 1 個; 半分に切る、種を取る、皮をむく、スライスする
- ミディアムマンゴー 1 個; 種を取った、皮をむいた、スライスした
- 刻んだマカダミア ナッツまたはアーモンド 1/4 カップ。トーストした
- トルティーヤボウル
- タラゴンバターミルクドレッシング
- ライムピールカール

方向:

a) 魚に油を塗り、ライムまたはレモン汁と調味料をふりかけます。グリースを塗ったグリルバスケットに入れます。1/2 インチの厚さごとに 4 〜 6 分間、または魚が簡単にフレーク状になるまでグリルします。魚は一口大に切ります。

b) 魚、野菜、オレンジ、イチゴ、アボカド、ナッツを大きなミキシング ボウルで混ぜ合わせます。トルティーヤ ボウルにスプーンで入れ、ドレッシングをかけます。

c) 必要に応じて、各サービングにライムの皮のカールを飾ります.

82. マレーシアハーブライスとサーモンのサラダ

収量: 1人前

成分

- 400グラムの新鮮なサーモン
- しょうゆ 大さじ2
- みりん 大さじ2
- 炊いたジャスミンライス 6カップ
- ½カップトースト；細切りココナッツ
- 15cmのウコン；皮をむいた
- 15cmのガランガル；皮をむいた
- 魚醤 大さじ3
- 赤唐辛子 2本。種とみじん切り
- カフィアライムの葉 8枚
- タイバジル ½カップ
- ½カップのベトナムミント
- 追加のトーストしたココナッツを添えて。
- 1熟したアボカド；皮をむいた
- 1赤唐辛子；みじん切り
- にんにく2片；みじん切り
- ¾カップオリーブオイル；（ライト）

- ライムジュース **1/3** カップ
- レモン汁 $\frac{1}{4}$ カップ
- タイバジルの葉 $\frac{1}{2}$ カップ
- **10** 小枝コリアンダーの葉と茎

方向：

a) 魚屋にサーモンの皮を剥がしてもらい、浅いガラス皿に入れます。醤油とみりんを混ぜ合わせ、魚の上にかけ、**30** 分間マリネします。グリルパンまたはグリラーを熱し、魚の外側が黄金色になり、内側がちょうどいい焼き色になるまで、片面約 **3** 分ずつ焼きます。涼しい。

b) ターメリック、ガランガル、チリ、コブミカンの葉を非常に細かく千切りにし、炊いたご飯と混ぜます。トーストしたココナッツ、バジル、ミントを加え、魚醤と混ぜます。脇に置きます。

c) ドレッシングを作ります。すべての材料をフードプロセッサーでとろみがつくまでピューレ状にし、ご飯が薄緑色になるまでドレッシングを混ぜ合わせます。

d) 調理済みの魚をフレークにして米に加え、非常に穏やかに混ぜて分散させます．

e) トーストしたココナッツを添えて、サラダを室温で提供します。

83. ミントサーモンサラダ

収量: 4人前

成分

- 213グラム缶詰赤アラスカ サーモン
- 熟したアボカド 2個 皮をむいて半分に切る
- 1 ライム；搾り取った
- カーリーエンダイブ 25グラム
- きゅうり 50g 皮をむいてさいの目に切った
- 小さじ $\frac{1}{2}$ 刻んだミント
- ギリシャヨーグルト 大さじ2
- サーモン缶の水気を切り、魚を大きなフレークに割って、取っておきます。

方向：

a) アボカドの石を取り除きます。丸みを帯びた端から縦にスライスします。狭い端を完全にスライスしないでください。

b) それぞれを5等分に切り、お皿に盛り、扇状に広げます。

c) ライムジュースで磨きます。

d) お皿にエンダイブを並べ、サーモンフレークをのせます。

e) きゅうり、ミント、ヨーグルトを混ぜます。サラダにかける。

f) 一気にサーブ。

84.　サーモンのフライ ポテトサラダ添え

収量: 1人前

成分

- 新じゃがいも 250g
- オリーブオイル 大さじ6
- レモン半分;のジュース
- 全粒マスタード 大さじ1
- 刻んだチャイブ 大さじ1
- 鮭の切り身 150g
- 2オンス。バルサミコ酢
- 唐辛子ソース 数滴
- バジルの葉 25g
- 塩と挽きたてのコショウ

方向：

a) じゃがいもが柔らかくなるまで8～10分煮る。フォークの背でざっくり潰す。

b) レモン汁、マスタード、チャイブと一緒に、大さじ2杯のオイルをマッシュに加えます。

c) たっぷりと味付け。サーモンの切り身に下味を付け、両面が 1 〜 2 分ずつ火が通るまで焼きます。3 バルサミコ酢をシロップ状になるまで減らします。残りのオイルをバジルの葉と混ぜます。

d) 盛り付けたポテトサラダの上にサーモンをのせ、バルサミコソース、バジルオイル、ペッパーソースをかけます。

85.　パスタとスモークサーモンのサラダ

収量: 4人前

成分

- 3/4 ポンド 細切りにしたスモークサーモン
- 2 クォートの水
- $\frac{3}{4}$ ポンドのリングイニまたはスパゲッティ；ドライ
- ホワイトビネガー 大さじ2
- タマネギ $\frac{1}{2}$ カップ；みじん切り
- ホイップクリーム 1 カップ
- $\frac{3}{4}$ カップ辛口白ワイン
- ディジョンマスタード 大さじ1
- $\frac{1}{4}$ カップ すりおろしたパルメザンチーズ
- 生パセリの小枝 1/2 カップ

方向：

a) 水を沸騰させ、パスタを柔らかくなるまで茹でます。ドレイン。

b) パスタが茹で上がったら、フライパンに玉ねぎと酢を入れ、強火で酢が蒸発するまで約2分間煮ます。クリーム、ワイン、マスタードを加える。ソースが1〜3/4カップになるまで、よくかき混ぜながら、ふたを開けて煮ます。熱湯を切ったパスタを加えます。フォークで持ち上げてソースをからめる。

c) パスタとソースを4枚のディナープレートに均等に分けます。パルメザンチーズをそれぞれふりかけます。パスタの各サービングの横にサーモンを並べ、パセリを飾ります。塩こしょうで味を調えます。

86. サーモンとズッキーニのパスタサラダ

収量: 6人前

成分

- パスタ（どんな種類でも） 700g
- スモークサーモン 500g
- ゆでたズッキーニのスライス 500グラム
- オリーブオイル 200ミリリットル
- パセリ 70g
- レモン汁 50ml
- 塩とコショウ

方向：

a) サーモンを立方体に切ります。パスタを「アルデンテ」に茹で、冷ましておきます。

b) すべて一緒に混ぜます。

87. サーモンの冷製ポーチドサラダ

収量: 2人前

材料

- セロリのみじん切り 大さじ1
- にんじんのみじん切り 大さじ1
- 粗みじん切り玉ねぎ 大さじ2
- 2カップの水
- 白ワイン 1カップ
- ローリエ 1枚
- 小さじ1½ 塩
- レモン1個; 半分に切ります
- パセリ 2本
- 黒こしょう 5粒
- 9オンスのセンターカット サーモン フィレ
- ほうれん草4カップ; 掃除した
- レモン汁 大さじ1
- レモンの皮のみじん切り 小さじ1
- 新鮮なディルのみじん切り 大さじ2
- 新鮮なパセリのみじん切り 大さじ2
- ½カップのオリーブオイル

- みじん切りエシャロット 小さじ 1½
- 1 塩; 味わう
- 挽きたての黒コショウ 1 個; 味わう

方向

a) 浅いフライパンに、セロリ、ニンジン、タマネギ、ワイン、水、月桂樹の葉、塩、レモン、パセリ、コショウの実を入れます。沸騰したら火を弱め、沸騰した液体にサーモンを慎重に入れ、蓋をして 4 分間煮ます。その間にマリネを作ります。

b) ボウルにレモン汁、皮、ディル、パセリ、オリーブオイル、エシャロット、塩、こしょうを入れて混ぜる。マリネを、底が平らで調理済みのサーモンを入れるのに十分なスペースがある非反応性の鍋または容器に注ぎます.サーモンをフライパンから取り出し、マリネに入れます。1 時間冷まします。

c) ほうれん草をマリネ液に少し混ぜ、塩こしょうで味を調え、2 皿に分けます。へらを使って、サーモンをほうれん草の上にのせます。

サーモンスープ

88. サーモン野菜チャウダー

サービング：4 サービング

材料

- サーモンの切り身 2 切れ 皮をむき、一口大に切る
- 細かく刻んだ白タマネギ 1/2 カップ
- 皮をむいてさいの目に切ったサツマイモ 1½ カップ
- ブロッコリーの小花 1 カップ、小片に切る
- チキンスープ 3 カップ
- 全乳 2 カップ
- 中力粉 大さじ 2
- 乾燥タイム 小さじ 1
- 無塩バター 大さじ 3
- ローリエ 1 枚
- 塩とコショウの味
- フラットパセリ、細かく刻む

方向：

a) みじん切りにした玉ねぎを無塩バターで透き通るまで炒める。小麦粉をかき混ぜ、バターと玉ねぎをよく混ぜます。チキンブロスと牛乳を注ぎ、サツマイモの角切り、ローリエ、タイムを加えます。

b) 時々かき混ぜながら、混合物を 5〜10 分間煮ます。

c) サーモンとブロッコリーの小花を追加します。その後、5〜8 分間調理します。

d) 塩、こしょうで味をととのえ、必要に応じて味を調える。

e) 小さなボウルに移し、パセリのみじん切りを飾る。

89. サーモンのクリームスープ

収量: 4人前

成分

- ピンク アラスカ サーモンの缶詰 418 グラム
- 3 エシャロット；みじん切り OR... タマネギ、みじん切り
- 野菜ストック 450 ミリリットル
- 辛口白ワイン 150 ミリリットル
- バター 25 グラム
- 薄力粉 25g
- スキムミルク 300 ミリリットル
- カードチーズ 100 グラム
- ギリシャヨーグルト 大さじ 4
- 調味料

方向：

a) サーモンの水切り缶。玉ねぎ、ストック、ワインを入れたボウルにジュースを入れます。HIGH POWER で 10 分間調理します。15 分間立ちます。

b) ハイパワーでバターを 30 秒溶かす。小麦粉を入れてかき混ぜ、強火で 30 秒焼きます。牛乳を 150ml/$\frac{1}{4}$ パイントずつ加えます。

c) よく泡だて器で、追加するたびにハイパワーで1分間調理します。サーモン、チーズ、ヨーグルトを混ぜた牛乳にストックを加えます。シーズン。

d) ブレンダーに移します。滑らかになるまでピューレにする。ミディアムパワーで7分間再加熱してお召し上がりください。

90. アイルランドのスモークサーモンの夏のスープ

収量: 4 人前

成分

- グッドチキンストック 300 ミリリットル
- バター 20 グラム
- ダブルクリーム 大さじ 1
- 12 アスパラガスの槍
- 1 ニンジン; (小 - さいの目に切った)
- セロリ 2 本。(皮をむいてさいの目に切る)
- 1 ネギ; (小 - さいの目に切った)
- 新じゃが 8 個。(小さい - 若い)
- 2 トマト
- スモークサーモン 4 切れ; （短冊切り）
- 1 オリーブ ロールパン
- アイリッシュヤギのチーズ 50 グラム
- 卵黄 1 個
- ミックスハーブ

方向:

a) チキンストックを火にかけ、じゃがいも、にんじん、セロリ、ネギ、アスパラガスから始めて、すべての野菜を順番に調理します。野菜を漉し、ストックをとっておく。

b) 野菜を小さなスープボウル/カップに入れます。短冊切りにしたトマトとスモークサーモンを加える。

c) ストックを火に戻し、少量のバターとクリームを泡立てます。味付けし、みじん切りにしたハーブを加えます。数分間注入します。

d) その間、濃厚でクリーミーなサバヨンが形成されるまで、卵黄を小さじ 2 〜 3 杯の熱湯で泡立てます。

e) チーズをクルトンにふりかけ、チーズが泡立ち始めるまで熱したグリルの下に置きます。

f) サバイヨンをストックに折り込み、野菜の上に注ぎます。クルトンを上にのせてサーブします。

91. サーモンのチーズスープ

収量: 1

成分

- バター 大さじ 4
- 玉ねぎのみじん切り 1 カップ
- セロリのみじん切り $\frac{1}{4}$ カップ
- さいの目に切ったじゃがいも 1 カップ
- 白こしょう 小さじ $\frac{1}{4}$
- タイム 小さじ $1\frac{1}{4}$
- ディルウィード 小さじ $\frac{1}{4}$
- 小麦粉 大さじ 2
- 1/8 オンス トマトの煮込み缶
- 牛乳 3 カップ
- 7 3/4 オンスの缶詰サーモン
- パセリ 大さじ 2
- すりおろしたモントレージャックチーズ 1 カップ

方向：

a) バター大さじ 2 を溶かし、セロリと玉ねぎを炒めます。じゃがいもを入れ、かぶるくらいの水を加え、じゃがいもが柔らかくなるまで煮る。

b) 残りの大さじ2杯のバターを溶かします。小麦粉大さじ2を混ぜてルウを作る。じゃがいもにルウとエバミルクを加える。

c) 絶えずかき混ぜながら中火でとろみがつくまで加熱します。調味料、サーモン、トマトを加える。

d) 蒸気が出るまで加熱します。沸騰させないでください。食べる直前にチーズを加える。

92. サーモン入りポテトチーズスープ

収量: 6人前

成分

- ¼ カップ バターまたはマーガリン
- 玉ねぎ 大1個 - 薄切り
- セロリ 1¼ カップ（さいの目に切ったもの）
- 生のスライスしたジャガイモ 3½ カップ
- チキンスープ 1 カップ
- 牛乳 3 カップ分
- 室温
- 1 カップ ハーフアンドハーフ
- 2 カップ シャープ チェダー チーズ、細切り
- ドライタイム 小さじ1
- ウスターソース 小さじ1
- 1缶 サーモン、ベニザケ、よく水気を切り、骨と皮を取り除く
- 塩 1ダッシュ
- コショウ 1ダッシュ
- パセリのみじん切り

方向：

a) 2 クォートで。鍋にバターを溶かし、玉ねぎとセロリを柔らかくなるまで炒めます。じゃがいもとチキンスープを加える。ふたをして、じゃがいもが柔らかくなるまで弱火で煮る。2 カッ

プの牛乳を入れたブレンダーでジャガイモの混合物をピューレにします。

b) 鍋に戻ります。残りの1カップの牛乳、クリーム、チーズ、タイム、

c) ウスターソースとサーモン。弱火にし、熱くなるまでよくかき混ぜます。塩こしょうで味を調えます。刻んだパセリを飾る。収量：6人前。

93. スモークサーモン風味のポテトスープ

収量: 4人前

成分

- スティック無塩バター $\frac{1}{2}$ 本
- $1\frac{1}{4}$ ポンド 黄玉ねぎ、薄切り
- みじん切りのセロリ 3本
- 塩
- カイエン
- 挽きたての黒コショウ
- 1 ベイリーブ
- にんにくのみじん切り 大さじ3
- チキンストック 10カップ
- 皮をむいたベーキングポテト 2ポンド
- 生クリーム 1/4カップ
- スモークサーモン、千切り 1/2ポンド
- 赤玉ねぎ 1/4カップ
- チャイブのみじん切り 大さじ2
- エクストラバージンの霧雨
- オリーブオイル

方向:

a) 中強火で 6 クォートのストックポットにバターを溶かします。玉ねぎとセロリを加える。塩、カイエン、黒コショウで味付けし、野菜が柔らかく軽く黄金色になるまで、約 8 分間かき混ぜます。

b) 月桂樹の葉とにんにくを加え、2 分間かき混ぜます。だし汁とじゃがいもを加えて沸騰させます。

c) 中火に弱め、ふたをせずに、じゃがいもが非常に柔らかくなり、混合物が濃厚でクリーミーになるまで、約 1 時間煮込みます。

d) スープを火から下ろします。ベイリーフを捨てます。ハンドブレンダーで滑らかになるまでピューレ状にします。クリームをゆっくりと加えます。かき混ぜてブレンドします。スープを味付けします。小さなミキシング ボウルで、サーモン、赤玉ねぎ、チャイブを混ぜ合わせます。

e) レリッシュを湿らせるのに十分な油で霧雨を降らせます。黒こしょうで味を調えます。サーブするには、個々のボウルにスープをひしゃくします。

f) スープにレリッシュを添えます。

94.　サーモンポテトスープ

収量: 4人前

成分

- チキンスープ 2カップ
- ドライマスタード 小さじ $\frac{1}{2}$
- コショウ 小さじ $\frac{1}{4}$
- 玉ねぎ 中1個（スライスして分けておく）
- リングに
- 新じゃがいも $1\frac{1}{2}$ ポンド (10〜12個)、カット
- 1/2インチのスライスに
- サーモンまたはその他の脂肪の多い魚 1ポンド
- 皮を剥いて切ったフィレ
- 4人分に
- 1カップ
- 小さじ4 みじん切りの新鮮なパセリ

方向：

a) スープ、マスタード、コショウをダッチオーブンで沸騰するまで加熱します。玉ねぎとじゃがいもを加える。じゃがいもにサーモンをのせる。沸騰するまで加熱し、熱を減らします。ふたをして10〜15分、または魚がフォークで簡単にほぐれ、じゃがいもが柔らかくなるまで煮込みます。ダッチオーブンに半分ずつ注ぎます。

b) 熱くなるまで加熱します。浅めのボウルにスープを盛り、各ボウルにサーモンを 1 切れ入れます。各サービングに小さじ 1 杯のパセリをふりかけます。

c) お好みで粗挽き黒胡椒をかけてどうぞ。

95. サーモンの澄まし汁

収量: 6人前

成分

- 水 6カップ
- ワカサギ、丸ごと 1.5 ポンド。よく掃除した
- 玉ねぎ 1個
- 1 ニンジン、大; 皮をむいた
- ねぎ（白のみ）1本
- 1 セロリの茎; 葉付き
- 1 パースニップ; 皮をむいた
- ブーケガルニ 1個
- 塩; 味わう
- サーモンのトリミング 1 ポンド
- $\frac{3}{4}$ カップ ワイン、白、辛口
- 3 じゃがいも、新じゃが
- 2 にんじん、薄い。皮をむいた
- 1 卵白
- 卵殻1個。破砕されました
- サーモンフィレ 1 ポンド（皮付き）
- ネギ大さじ 5; みじん切り

- レモンの薄切り

方向：

a) 大きなストック ポットに、水、ワカサギ、タマネギ、ニンジン、ニラ、セロリ、パースニップ、ブーケ ガルニ、塩、コショウを入れ、強火で沸騰させます。上。

b) 鍋に蓋をして弱火にし、**35**分煮る。細かいふるいでストックをきれいな鍋に濾し、スプーンの背で固形物を押して、できるだけ多くの液体を抽出します.固形物を捨てる。

c) ストックを火に戻し、サーモンの切り身、ワイン、ジャガイモ、細いニンジンを加えます。沸騰したら弱火にして蓋をし、野菜が柔らかくなるまで約**25**分煮る。じゃがいもとにんじん以外のすべての固形物を捨て、ストックをきれいな鍋に濾します。

d) ジャガイモとニンジンをつぶさないように注意してすすぎ、取っておきます。ストックを弱火に戻し、数分間煮ます。卵白と殻を加えて中火にかけます。

e) 泡だて器で絶えずかき混ぜながら沸騰させます。ストックが沸騰すると、卵白が表面に浮き上がり始めます。この時点で火を止めて**5**分放置。ザルに湿らせたガーゼを二重に敷き、ストックを濾してきれいな鍋に入れます。

f) 魚のフィレをストックに加え、火が通るまで中弱火でポーチします。五分。調味料は味見をして調整してください。取っておいたじゃがいもを半分にし、くし形に切ります。にんじんを細かいサイコロに切る。

g) 魚のフィレを**6**つのスープボウルに分けます。各ボウルにポテトウェッジとさいの目に切ったニンジンをいくつか追加します。スープをボウルに入れ、ネギを散らし、レモンのスライスを飾る。

デザート

96. ハーブサーモンケーキ

サービング: 8 サービング

材料:
- アトランティック/ピンク サーモン 3 缶、水気をよく切ったもの
- 細かく刻んだ大きな赤玉ねぎ 1 個
- $\frac{1}{2}$ カップのパン粉
- 細かく刻んだチャイブ 大さじ 2
- 細かく刻んだパセリ 大さじ 2
- 細かく刻んだねぎ 大さじ 1
- 細かく刻んだ赤ピーマン 大さじ 2
- 細かく刻んだピーマン 大さじ 2
- ディジョンマスタード 小さじ 2
- 塩とコショウの味
- 卵 2 個
- 揚げ物用植物油

方向:
a) 大きなボウルに、すべての材料を入れてよく混ぜます。
b) 混合物を冷蔵庫に約 10 分間入れます。
c) サーモンの混合物が少し固くなったら、混合物を大さじ 1 杯分を手にすくい、パテの形にします。すべてのパティが成形されるまで、この方法を繰り返します。
d) 弱火から中火で大きなフライパンを熱し、植物油を入れて揚げます。パテを片面約 2〜3 分間、またはきつね色になるまで揚げます。ペーパー タオルを使用してそれらを排出します。
e) お好みのクリームソースでお召し上がりください。

97. サーモンローフ

収量: 4

成分

- 卵 1 個 -- 溶きほぐす
- 14 オンス。サーモンの缶詰
- 焼きたてのパン粉 $\frac{1}{2}$ c
- きのこ 6 個
- レモン汁 1TB
- すりおろしたレモンの皮 小さじ 1
- ケイジャンシーズニング 小さじ $\frac{1}{2}$
- 野菜クッキングスプレー

方向:

a) 小さなローフパンにクッキングスプレーをスプレーします。

b) サーモンの混合物をフライパンに入れ、パンがスライスできるまで 375°F で 40 分間焼きます。

98.　アラスカシーフードタルト

収量: 6 人前

成分

- アラスカサーモンの缶詰 418 グラム
- 350 グラムのパケット フィロ ペストリー
- クルミ油 大さじ 3
- マーガリン 15 グラム
- 薄力粉 25g
- ギリシャヨーグルト 大さじ 2
- シーフードスティック 175 グラム。みじん切り
- くるみ 25g みじん切り
- すりおろしたパルメザンチーズ 100 グラム

方向:

a) フィロ ペストリーの各シートに油を塗り、12.5 cm / 5 インチの正方形に 16 個折ります。とがった角が端から突き出たまま、各パイ皿に正方形を 1 つ入れます。

b) 油で刷毛塗りし、最初の正方形のペストリーの上に 2 番目の正方形のペストリーを置きます。

c) オーブンの温度を 150 C、300 F、ガス マーク 2 に下げます。マーガリンを溶かし、小麦粉をかき混ぜます。魚のストックを混ぜ合わせ、よく泡立ててダマを取り除きます。

d) ヨーグルト、シーフードスティック、クルミ、フレークサーモンをソースに混ぜ、**8**つのペストリーケースに均等に分けます.

e) パン粉を上からふりかけ、オーブンに戻して **5〜8** 分加熱する

結論

生でも冷凍でも、私たちはサーモンが大好きです！新鮮なものが常に最もおいしいことを認めなければなりませんが、正直なところ、これらのレシピにどの種類を使用しても問題ありません。

その上、サーモンは爪、皮膚、髪などに良い脂肪が豊富に含まれているため、非常に健康的です。

www.ingramcontent.com/pod-product-compliance
Lightning Source LLC
Chambersburg PA
CBHW070650120526
44590CB00013BA/902